新世纪计算机类本科规划教材

排队现象的建模、解析与模拟

曾　勇　董丽华　马建峰　编著

西安电子科技大学出版社

内容简介

本书以概率论与随机过程为工具，对排队现象进行建模与求解分析，并且使用计算机程序代码与数学证明相互佐证，在知识建构的过程中通过图表及步骤的演示将随机过程与排队论进行生动的展示，让学习者对数学产生耳目一新的感觉，引导学生以全新的角度来理解随机过程与排队论。

本书可作为高等院校计算机相关专业的本科教材，也可作为相关技术人员的参考书。

图书在版编目(CIP)数据

排队现象的建模、解析与模拟/曾勇，董丽华，马建峰编著.

—西安：西安电子科技大学出版社，2011.9

新世纪计算机类本科规划教材

ISBN 978-7-5606-2672-7

Ⅰ. ①排…　Ⅱ. ①曾…　②董　③马…　Ⅲ. ①排队论—高等学校—教材

Ⅳ. ①O226

中国版本图书馆 CIP 数据核字(2011)第 177793 号

策　　划　张　媛

责任编辑　邵汉平　王　飞

出版发行　西安电子科技大学出版社(西安市太白南路 2 号)

电　　话　(029)88242885　88201467　　邮　　编　710071

网　　址　www.xduph.com　　电子邮箱　xdupfxb001@163.com

经　　销　新华书店

印刷单位　陕西天意印务有限责任公司

版　　次　2011 年 9 月第 1 版　2011 年 9 月第 1 次印刷

开　　本　787 毫米×960 毫米　1/16　印　张　10.5

字　　数　149 千字

印　　数　1～3000 册

定　　价　18.00 元

ISBN 978-7-5606-2672-7/O·0116

XDUP 2964001-1

＊＊＊如有印装问题可调换＊＊＊

前　言

“随机过程与排队论”这门课程以概率论及典型随机过程为基础，介绍了对计算机网络和计算机系统进行性能预测、性能分析和性能评价时所必须具备的基础知识。这是一门通常在研究生阶段才开设的课程，但由于形势需要，目前各大院校已相继为本科生加开了这门课程。

笔者在近几年的本科教学与科研工作中体会到，这门课程的入门门槛是偏高的，其原因主要在于：采用国内已有的、面向研究生的教材进行本科教学时，其相对复杂的数学证明过程与结论使得这门课程显得枯燥而难以理解，学生，特别是工科院校的本科生很难直接接受书本上的数学讲解。因此，如何达到这门具有相当难度课程的教学目的，让本科生理解其基本原理，掌握其基本技能，并且能灵活运用所学到的知识是一件很不容易的事情。

结合近几年的讲授与科研实践，笔者撰写了这本面向工科本科生的“随机过程与排队论”课程的教材。

该书始终以随机过程为主要工具，对排队现象进行建模与解析，取得理论分析结果。此外，笔者还将意大利米兰理工大学于2009年开发完成的Java Modeling Tools平台(JMT)(该软件是对排队现象进行模拟的主要工具之一)的代码和软件界面进行了完全汉化，并添加了人机交互模块，形成了将排队论数学证明的理论分析结果与仿真结果相互佐证的软件。书中对该软件的使用方法进行了详细描述，学生通过将模拟结果与数学推导相互比对，相互验证，可以极大地加深对所学知识的理解。

本书在编写过程中参考了大量有关的中外文献和专著，对其中精练、深入浅出的概念解释深表敬佩，在此对这些文献和专著的作者表示衷心的感谢！

对协助笔者完成JMT软件相关工作的学生游九龙、张峰、许利、和谐，对协助笔者完成JMT实验模拟与截图的赵晨曦、张峰，对参与“随机过程与排队论”教学改革项目的计算机学院07、08级网络工程专业的所有学生，对大力支持笔者编写工作的西安电子科技大学出版社的张媛、王飞等编辑，在此一并表示衷心的感谢!

以本书为教材，学时可以安排在30课时左右，其中：第1章6学时，第2章2学时，第3章3学时，第4章5学时，第5章5学时，第6章3学时，第7章2学时，第8章4学时。

限于编者水平，书中难免存在不足之处，敬请各位专家学者和广大读者批评指正，以便再版时修正。作者 E-mail：yzeng@mail.xidian.edu.cn。

笔　者

2011年6月

目　录

第 1 章　随机过程简介

1.1　随机过程基本概念

1. 随机过程的定义

随机过程是概率论的“动力”延伸，其研究对象是随时间(或者某个离散变量)演变的随机现象。换言之，随机过程就是当事物的变化过程无法用一个随机变量(或者多个随机变量)来加以描述时，所给出的一族依赖于时间的无限多个随机变量。也就是说，我们对事物变化的全过程进行一次观察后可以得到一个时间 t(或者某个离散变量)的函数，但是当对同一事物变化的全过程独立地、重复地进行多次观察后所得的结果应该是不相同的，而且每次观察也不能预知试验结果，这样的一个过程就是随机过程。

为了更好地理解随机过程，我们来考察下述实例。

例 1.1　热噪声电压　电阻上的热噪声是由于电阻中的电子的热运动所引起的。现对一个电阻上的热噪声电压进行 n 次长时间的测量，同时记录每一次热噪声的电压波形，并以 $\{X(t), t\in[0, \infty)\}$ 表示热噪声电压，如图 1.1 所示。图中 $x_1(t)$ 表示第一次测量得到的波形图，$x_2(t)$ 表示第二次测量得到的波形图，…，$x_n(t)$ 表示第 n 次测量得到的波形图。

若把时间 t 固定在 t_0 时刻，考察 $X(t)$ 在 t_0 时刻的数值，则第一次测量值是 $x_1(t_0)$，第二次测量值是 $x_2(t_0)$，…，第 n 次测量值是 $x_n(t_0)$。可以看到，在 t_0 时刻电阻上的热噪声电压是一个随机变量。也就是说，每次测量时，t_0 时刻电阻上的噪声电压的取值 $x_i(t_0)$ 无法预先确切地知道。于是，当

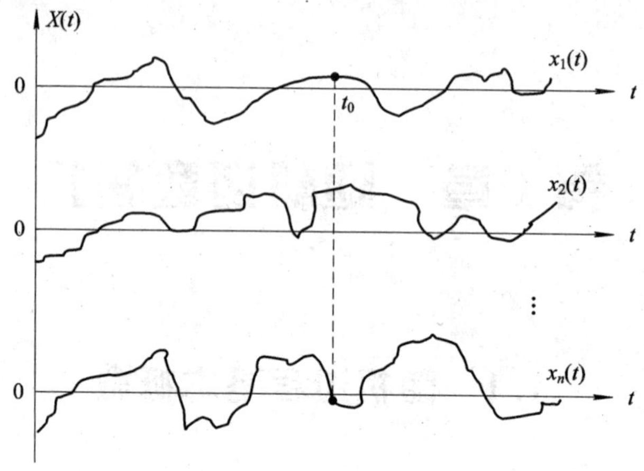

图 1.1　热噪声电压

时间 t 固定在 t_0 时刻时，热噪声电压 $X(t_0)$是一个随机变量，而当时间 t 变化时，$\{X(t),\ t\in[0,\ \infty)\}$是一族随机变量，也即$\{X(t),\ t\in[0,\ \infty)\}$是一个随机过程。

对电阻的热噪声电压进行 n 次测量得到的集合$\{x_1(t),\ x_2(t),\ \cdots,\ x_n(t)\}$是这个随机实验的样本空间 S。对于某一次测量，其热噪声电压 $x_i(t)$是时间 t 的函数，也即随机过程的样本函数，或样本曲线，它是随机的。

例 1.2　随机无限次抛掷硬币　现抛掷 m 盘硬币，同时记录每盘抛掷硬币的结果。若以$\{X(n),\ n\in I\}$表示抛掷硬币的结果，其中 I 为正整数集合，则$\{X(n),\ n\in I\}$是一个随机过程，如图 1.2 所示。

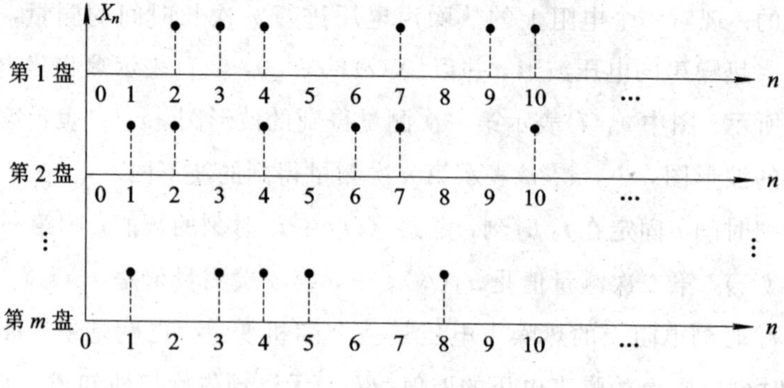

图 1.2　随机无限次抛掷硬币

例 1.3　电话交换站呼叫计数　设一个电话交换台迟早会接到用户的呼叫，并以 $X(t)$ 表示时间间隔$[0, t)$内交换台接到的呼叫次数，则 $X(t)$是一个随机变量，但是对于不同的 $t\in[0, \infty)$，$X(t)$是不同的随机变量，于是$\{X(t), t\in[0, \infty)\}$是随机过程，如图 1.3 所示。

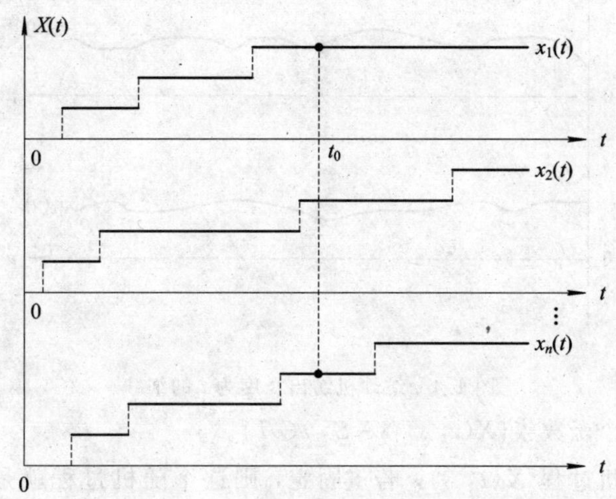

图 1.3　电话交换站呼叫计数

例 1.4　纺纱机纺出长度为 l 的细纱　若对一个纺纱机进行 n 次长时间测量，同时记录每一次纺纱机纺出细纱长度的曲线，并以$\{X(u), u\in[0, \infty)\}$表示纺纱机纺出细纱的长度，则 $X(u)$是一个随机变量，如图 1.4 所示。图中，$x_1(t)$表示第一次测量得到的波形图，$x_2(t)$表示第二次测量得到的波形图，…，$x_n(t)$表示第 n 次测量得到的波形图。在每次测量中，t_0 时刻细纱的长度 $x_i(t_0)$无法预先确切地知道，因此 $X(t)$是一个随机过程。

接下来以上述例子为背景，引入随机过程的概念。

随机过程　随机过程是定义在给定概率空间上的一族随机变量$\{X(t), t\in T\}$。T 表示参数集，是实数轴$(-\infty, \infty)$上的一个子集（T 又称为索引集、指标集），当 t 取遍参数集 T 中的每个值时，均有一个随机变量 $X(t)$与之对应。

考虑采样空间 S，一个随机变量是定义在 S 上的函数，那么随机过程实

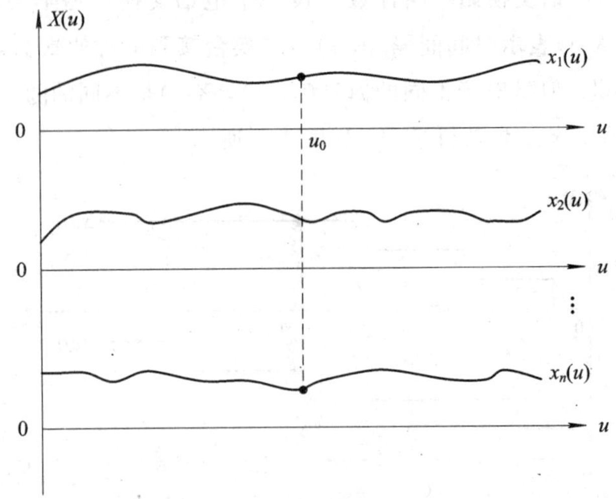

图 1.4　纺纱机纺出长度为 l 的细纱

际上就是一个函数族 $\{X(t, s) \mid s \in S, t \in T\}$。

对于随机过程 $X(t, s)$，若 t 固定，则这个随机过程就是随机变量，$X(t)$所取的值称为随机过程在 t 时刻的状态，所有状态的集合构成随机过程的状态空间 S；若 s 固定，则 $X(t, s)$就是 t 的函数，称为随机过程的样本函数或样本曲线，也称为现实(曲线)。若随机过程的状态空间是离散的，则称之为离散状态随机过程；若状态空间是连续的，则称之为连续状态随机过程。

当参数限定为时间时，随机过程是一个时间函数的随机变量。连续时间的随机过程，其时间是连续变化的，如典型的沿非负实轴变化的随机过程$\{X(t), 0 \leqslant t < \infty\}$，有时也在整个实轴上取值；离散时间的随机过程，其时间取离散值，如典型的取正整数的随机过程$\{X(t), t=1, 2, \cdots\}$，有时也取$-\infty$ 到$+\infty$间的整数。

根据参数集 T(离散集和连续集)和状态空间取值(离散的和连续的)的情况，可以把随机过程分为四类：

(1) 离散参数、离散状态的随机过程；

(2) 离散参数、连续状态的随机过程；

(3) 连续参数、离散状态的随机过程；

(4) 连续参数、连续状态的随机过程。

具有离散参数的随机过程也称为随机序列(即(1)、(2)类)；具有离散状态的随机过程也称为链(即(1)、(3)类)。

2. 随机过程的描述

对于固定 t 值的 $X(t)$，其特性可由概率分布函数和概率密度函数表示。对于连续状态过程，我们有如下描述：

一维分布函数　$F(x;\ t)=P\{X(t)<x\}$，其中 $t\in T$ 是固定的，$F(-\infty;\ t)=0$，$F(+\infty;\ t)=1$。

n 维联合分布函数　对于任意固定的 $t_1, t_2, \cdots, t_n\in T$，$t_1<t_2<\cdots<t_n$，

$$\begin{aligned}F(\boldsymbol{x};\ \boldsymbol{t})&=F(x_1, x_2, \cdots, x_n;\ t_1, t_2, \cdots, t_n)\\&=P\{X(t_1)<x_1, X(t_2)<x_2, \cdots, X(t_n)<x_n\}\end{aligned}$$

称为随机过程的 n 维联合分布函数，它描绘了随机过程 $X(t)$ 在任意 n 个时刻的统计特性。其中，向量 $\boldsymbol{x}=(x_1, x_1, \cdots, x_n)\in\mathbf{R}^n$，$\boldsymbol{t}=(t_1, t_2, \cdots, t_n)\in T^n$，且 $t_1<t_2<\cdots<t_n$。

随机过程的一维密度函数

$$f(x;\ t)=\frac{\partial}{\partial x}F(x;\ t)$$

$$F(x;\ t)=\int_{-\infty}^{x}f(y;\ t)\mathrm{d}y$$

$$\int_{-\infty}^{\infty}f(y;\ t)\mathrm{d}y=1$$

n 维密度函数

$$\begin{aligned}&f(x_1, x_2, \cdots, x_n;\ t_1, t_2, \cdots, t_n)\\&=\frac{\partial^n}{\partial x_1\partial x_2\cdots\partial x_n}F(x_1, x_2, \cdots, x_n;\ t_1, t_2, \cdots, t_n)\end{aligned}$$

对于离散状态过程，我们有如下描述：

分布函数

$$P_{x(t)}(k)=P\{X(t)=k\},\quad \sum_k P_{x(t)}(k)=1$$

3. 随机过程的一阶和二阶数字特征

如果随机过程$\{X(t),\ t\in T\}$的一阶矩和二阶矩存在(即有限)，则称$X(t)$是二阶矩过程。

当随机过程$\{X(t),\ t\in T\}$在每一个给定时刻$t\in T$的状态是一个随机变量时，它的数学期望和方差都是依赖于参数t的函数，分别称为随机过程的数学期望(函数)和方差(函数)。

随机过程的数学期望：

$$\begin{cases}\text{连续值情况} & E[X(t)]=\mu(t)=\int_{-\infty}^{\infty}xf(x;\ t)\mathrm{d}x\\ \text{离散值情况} & E[X(t)]=\mu(t)=\sum_k kP\{X(t)=k\}\end{cases}$$

随机过程的二阶矩：

$$\begin{cases}\text{连续值情况} & E[X^2(t)]=\int_{-\infty}^{\infty}x^2f(x;\ t)\mathrm{d}x\\ \text{离散值情况} & E[X^2(t)]=\sum_k k^2P\{X(t)=k\}\end{cases}$$

随机过程的方差：

$$\mathrm{Var}[X(t)]=\sigma_{X(t)}^2=E[(X(t)-\mu(t))^2]=E[X^2(t)]-\mu^2(t)$$

例 1.5 设随机过程$X(t)=\mathrm{e}^{-At}$，$t>0$，其中A是在区间$(0,\ a)$上服从均匀分布的随机变量，试求$X(t)$的均值函数和方差函数。

解 $X(t)$的均值函数和方差函数分别为

$$\begin{aligned}\mu(t)&=E[X(t)]=E[\mathrm{e}^{-At}]=\int_{-\infty}^{\infty}xf(x;\ t)\mathrm{d}x\\&=\int_0^a\frac{1}{a}\mathrm{e}^{-xt}\mathrm{d}x=\frac{1}{at}(1-\mathrm{e}^{-at}),\quad t>0\end{aligned}$$

$$\begin{aligned}\sigma_{X(t)}^2&=\mathrm{Var}[X(t)]=E[(X(t)-\mu(t))^2]\\&=E[X^2(t)]-\mu^2(t)\\&=\int_0^a\frac{1}{a^2}\mathrm{e}^{-xt}\mathrm{d}x-\left[\frac{1}{at}(1-\mathrm{e}^{-at})\right]^2\\&=\frac{1}{a^2t}(1-\mathrm{e}^{-at})-\frac{1}{a^2t^2}(1-\mathrm{e}^{-at})^2,\quad t>0\end{aligned}$$

习题

利用抛掷一枚硬币的试验定义随机过程

$$X(t)=\begin{cases}\cos\pi t, & \text{出现 H 面}\\ 2t, & \text{出现 T 面}\end{cases}\qquad -\infty<t<+\infty$$

假设 $P(\mathrm{H})=P(\mathrm{T})=1/2$，试确定：

① $X(t)$的一维分布函数 $F(x;1/2)$，$F(x;1)$；

② $X(t)$的二维分布函数 $F(x_1, x_2; 1/2, 1)$。

1.2 泊松过程

泊松过程是经典的随机过程之一，在排队现象的建模与求解中有着重要的地位。泊松过程属于独立增量过程，特别的，在排队论中，它还是平稳过程。下面先介绍平稳与独立增量过程。

1. 强平稳随机过程

对于随机过程$\{X(t), t\in T\}$，如果其 n 维联合分布函数($n\geqslant 1$)有

$$F(\boldsymbol{x};\boldsymbol{t})=F(\boldsymbol{x};\boldsymbol{t}+\tau)$$

其中，$\boldsymbol{x}\in\mathbf{R}^n$，$\boldsymbol{t}\in T^n$，且对于所有标量 τ，有 $t_i+\tau\in T$，则称该过程为强(严、狭义)平稳随机过程，或严格静止的随机过程。

若强平稳随机过程又是二阶矩过程，则其数学期望是常数，与时间无关，且该过程的相关函数仅与时间间隔有关。

2. 弱平稳随机过程

设有一个二阶矩随机过程$\{X(t), t\in T\}$，若其数学期望 $\mu(t)=\mu$ 为常数，相关函数 $R(t, t+\tau)=R(\tau)$，与 t 无关，则称其为弱(宽、广义)平稳过程，或广义静止的随机过程。它是一类统计特性不随时间推移而变化的随机过程。

$R(\tau)$可用于测量一个随机过程的一个时刻和另外一个时刻的相关程度。当 τ 变大时，$R(\tau)$以指数方式快速趋向于 0，则随机过程的一个时刻对

于时间上相隔较远的另外一个时刻几乎没有依赖关系，这样的过程称为短记忆过程。相反情况的过程称为长记忆过程。

3. 独立过程

如果随机过程$\{X(t),\ t\in T\}$的 n 维联合分布函数满足：

$$F(\boldsymbol{x};\ \boldsymbol{t})=\prod_{i=1}^{n}F(x_i,\ t_i)=\prod_{i=1}^{n}P\{X(t_i)<x_i\}$$

则称其为独立过程。

4. 独立增量过程

如果在参数集 T 上任选 $n(n\geqslant 1)$ 个点 $t_1<t_2<\cdots<t_n$，随机过程$\{X(t),\ t\in[0,\ \infty)\}$的增量

$$X(t_2)-X(t_1),\ X(t_3)-X(t_2),\ \cdots,\ X(t_n)-X(t_{n-1})$$

是相互统计独立的随机变量，则称过程$\{X(t),\ t\in[0,\ \infty)\}$为独立增量随机过程。

5. 泊松过程

设随机过程$\{X(t),\ t\in[0,\ \infty)\}$的无限状态空间是 $E=\{0,\ 1,\ 2,\ \cdots\}$。若满足下面两个条件：

(1) $X(t)$是平稳独立增量过程；

(2) 对任意 $a,\ t\geqslant 0$，每一个增量 $X(a+t)-X(a)$非负，且服从参数为$\lambda t(\lambda\geqslant 0)$的泊松分布，则称 $X(t)$是具有参数 λ 的泊松过程①。

- 泊松过程$\{X(t),\ t\in[0,\ \infty)\}$是具有负指数间隔的计数过程。
- 若$\{X(t),\ t\in[0,\ \infty)\}$是具有负指数间隔的计数过程，则它是计数过程。

所谓计数过程，是指状态取非负整数、时间连续的随机过程。

注意如下两个定理。

定理　强度为 λ 的泊松过程的点间间距是相互独立的随机变量，且服从同一个负指数分布。

---

① 泊松过程我们将在排队系统概论中继续讲述。

定理　如果任意相继出现的两个质点的点间间距相互独立且服从同一个负指数分布，则质点流构成了强度为 λ 的泊松过程。

从上述定理得知，为了确定一个计数过程是不是泊松过程，只要用统计方法检验点间间距是否独立，且是否服从同一个负指数分布即可。

泊松过程或者说泊松流是研究排队理论的工具之一，在技术领域中，它又是构造或者模拟一类重要噪声(散粒噪声)的基础。

习题

设$\{N(t),\ t\geqslant 0\}$是强度为 λ 的泊松过程。定义随机过程 $Y(t)=N(t+L)-N(t)$，其中常数 $L>0$，试求 $Y(t)$的均值函数和自相关函数。

1.3　马尔可夫过程

当随机过程在 t_n 时刻所处的状态为已知时，过程在大于 t_n 的时刻所处状态的概率特性只与过程在 t_n 时刻所处的状态有关，而与过程在 t_n 时刻以前的状态无关，就称此性质为无后效性①。具有无后效性的随机过程$\{X(t),\ t\in T\}$称为马尔可夫过程。此处假定 T 是非负实数集合。

无后效性又称为马尔可夫特性：对于随机过程$\{X(t),\ t\in T\}$，如果对于任意的参数 $t_0<t_1<t_2<\cdots<t_n<t$，在 $X(t_0)$，$X(t_1)$，…，$X(t_n)$值已知的情况下，$X(t)$的条件分布只与 $X(t_n)$的状态有关，即

$$P\{X(t)\leqslant x \mid X(t_n)\leqslant x_n,\ X(t_{n-1})\leqslant x_{n-1},\ \cdots,\ X(t_0)\leqslant x_0\}=P\{X(t)\leqslant x \mid X(t_n)\leqslant x_n\}$$

离散状态空间的马尔可夫过程称为马尔可夫链(Markov Chain，MC)。下面我们考虑离散时间马尔可夫链(discrete-time Markov chian，DTMC)和连续时间马尔可夫链(continuous-time Markov chian，CTMC)。

---

① The Markov property insists that the past history be completely summarized in the specification of the current state. —— Kleinrock.

马尔可夫链 n 时刻的 k 步转移概率：n 时刻 MC 处于状态 i，经过 k 步时间，系统处于 j 状态的概率，记为

$$p_{ij}^{(k)}(n) = p_{ij}(n, n+k) = p\{X(n+k) = j \mid X(n) = i\}$$

说明：转移概率具有特点 $\sum_{j=1}^{\infty} P_{ij}(n, n+k) = 1$，$i = 1, 2, \cdots$。由转移概率组成的矩阵 $\boldsymbol{P}(n, n+k) \triangleq (P_{ij}(n, n+k))$ 称为马氏链的 k 步转移概率矩阵，它是随机矩阵。

特别的，当 $k=1$ 时，得到一步转移概率

$$p_{ij} = P_{ij}(1) = P\{X_{n+1} = j \mid X_n = i\}$$

其一步转移概率矩阵 $\boldsymbol{P}(1)$ 为

$$\begin{array}{c} \qquad\qquad X_{n+1}\text{的状态} \\ \begin{array}{cc} & \begin{array}{ccccc} 1 & 2 & \cdots & j & \cdots \end{array} \\ X_n\text{的状态}\begin{array}{c} 1 \\ 2 \\ \vdots \\ i \\ \vdots \end{array} & \begin{bmatrix} p_{11} & p_{12} & \cdots & p_{1j} & \cdots \\ p_{21} & p_{22} & \cdots & p_{2j} & \cdots \\ \vdots & \vdots & & \vdots & \\ p_{i1} & p_{i2} & \cdots & p_{ij} & \cdots \\ \vdots & \vdots & & \vdots & \end{bmatrix} = \boldsymbol{P}(1) \end{array} \end{array}$$

k 步转移概率矩阵记为 $\boldsymbol{P}(k)$。

本课程研究时间齐次马尔可夫过程，简称时齐马尔可夫过程。它满足

$$P\{X(t) \leqslant x \mid X(t_n) = x_n\} = P\{X(t-t_n) \leqslant x \mid X(0) = x_n\}$$

其中假定系统的行为不依赖于观测的时间，即马尔可夫过程中的条件分布函数不随观察起始时刻的变化而变化，我们可以任选时间轴的起点。

对于马尔可夫链，如果 n 时刻的 k 步转移概率满足

$$p_{ij}^{(k)}(n) = p_{ij}(n, n+k) = p\{X(k) = j \mid X(0) = i\} = p_{ij}^{(k)}$$

即从 i 状态转到 j 状态的概率和时刻 n 无关，就称这类 MC 为时齐马尔可夫链，或齐次马尔可夫链，有时也说它是具有平稳转移概率的马尔可夫链。通常考虑状态空间是有限的齐次马尔可夫链。

马尔可夫特性可以直观地解释为：随机过程从当前时刻 t_n 开始的进一步演变只与当前的状态有关，而与这个过程的过去历史无关；换言之，当前

状态 $X(t_n)$包括了过程所有的历史信息。这里对于齐次 MC，不必知道起始时刻 t_n，过程的进一步发展，在概率意义上，将完全由当前状态的知识决定。

下面列举几个马尔可夫链的实例。

例 1.6　只传输数字 0 和 1 的串联系统(0—1 传输系统)　如图 1.5 所示，设每一级的传真率为 p，误码率为 $q=1-p$，设一个单位时间传输一级，X_0 是第一级的输入，X_n 是第 n 级的输出。

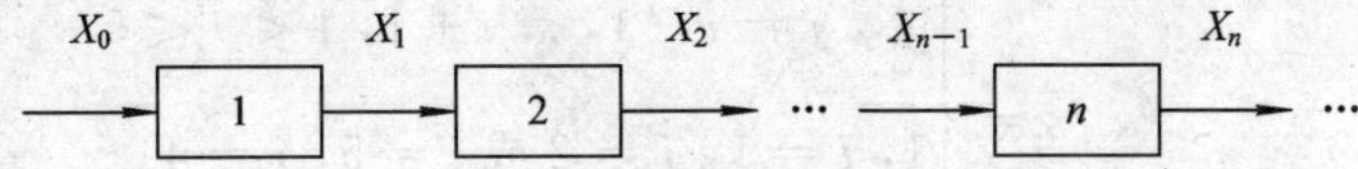

图 1.5　0—1 传输系统

分析可见：$\{X_n, n=1, 2, \cdots\}$是一个随机过程，状态空间 $I=\{0, 1\}$。且当 $X_n=i$，$i\in I$ 为已知时，X_{n+1}所处的状态分布只与 $X_n=i$ 有关，而与时刻 n 之前所处的状态无关，所以它是个马尔可夫链，并是齐次的。它的一步转移概率和一步转移概率矩阵分别为：

$$p_{ij}=P\{X_{n+1}=j \mid X_n=i\}=\begin{cases}p, & j=i\\ q, & j\neq i,\end{cases}\quad i, j=0, 1$$

$$\boldsymbol{P}=\begin{matrix} & \begin{matrix}0 & 1\end{matrix}\\ \begin{matrix}0\\1\end{matrix} & \begin{bmatrix}p & q\\ q & p\end{bmatrix}\end{matrix}$$

例 1.7　一维随机游动　设一质点在如图 1.6 所示的直线的点集 $I=\{1, 2, 3, 4, 5\}$上随机游动，并仅在 1 秒、2 秒等整秒的时刻发生游动。

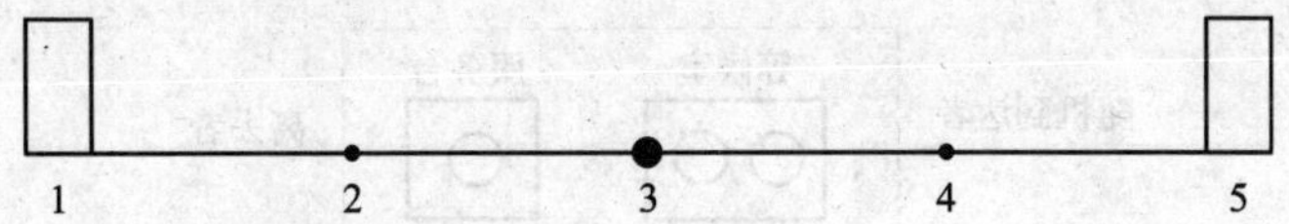

图 1.6　一维随机游动

游动的规则是：如果 Q 现在位于点 $i(1<i<5)$，则下一时刻各以 1/3 的概率向左或向右移动一格，或以 1/3 的概率留在原处；如果 Q 现在位于 1(或 5)这点上，则下一时刻就以概率 1 移动到 2(或 4)这一点上。1 和 5 这两点称为反射壁。上面这种游动称为带有两个反射壁的随机游动。

理论分析：若以 X_n 表示时刻 n 时 Q 的位置，不同的位置就是 X_n 的不同状态，那么 $\{X_n, n=1, 2, \cdots\}$ 是一个随机过程，状态空间就是 I，而且当 $X_n=I$，$i\in I$ 为已知时，X_{n+1} 所处的状态的概率分布只与 $X_n=i$ 有关，而与 Q 在时刻 n 之前如何到达状态 i 无关，所以 $\{X_n, n=1, 2, \cdots\}$ 是个马尔可夫链，并是齐次的。它的一步转移概率和一步转移概率矩阵分别为

$$
\begin{aligned}
p_{ij} &= P\{X_{n+1} = j \mid X_n = i\} \\
&= \begin{cases} \dfrac{1}{3},\ j = i-1,\ i,\ i+1,\ 1 < i < 5 \\ 1,\ i = 1,\ j = 2 \text{ 或 } i = 5,\ j = 4 \\ 0,\ |j-1| \geqslant 2 \end{cases}
\end{aligned}
$$

$$
\boldsymbol{P} = \begin{array}{c} \\ 1 \\ 2 \\ 3 \\ 4 \\ 5 \end{array}
\begin{array}{c} \begin{array}{ccccc} 1 & 2 & 3 & 4 & 5 \end{array} \\
\begin{bmatrix} 0 & 1 & 0 & 0 & 0 \\ 1/3 & 1/3 & 1/3 & 0 & 0 \\ 0 & 1/3 & 1/3 & 1/3 & 0 \\ 0 & 0 & 1/3 & 1/3 & 1/3 \\ 0 & 0 & 0 & 1 & 0 \end{bmatrix} \end{array}
$$

说明：改变游动的概率规则，就可得到不同方式的随机游动和相应的马尔可夫链。如果把点 1 改为吸收壁，相应链的转移概率矩阵只须把 $\boldsymbol{P}$ 中第 1 行改为(1，0，0，0，0)。

例 1.8　排队模型　设服务系统由一个服务员和只可以容纳两个人的等候室组成，见图 1.7。

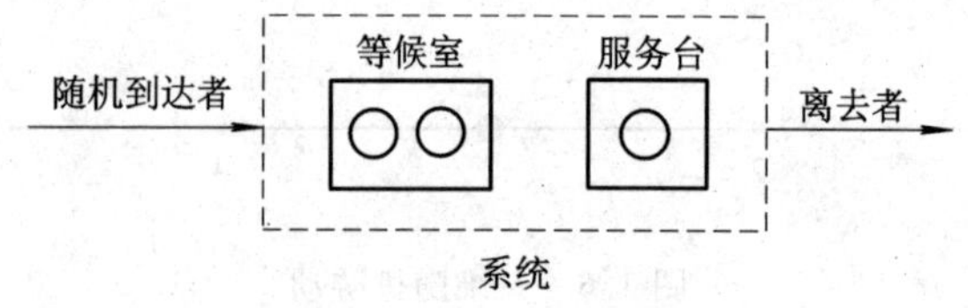

图 1.7　排队模型

服务规则是：先到先服务，后来者需在等候室依次排队。假定一个需要服务的顾客到达系统时发现系统内已有 3 个顾客(一个正在接受服务，两个

在等候室排队），则该顾客即离去。设时间间隔 Δt 内将有一个顾客进入系统的概率为 q，有一原来被服务的顾客离开系统（即服务完毕）的概率为 p。又设当 Δt 充分小时，在这一时间间隔内多于一个顾客进入或离开系统实际上是不可能的。再设有无顾客来到与服务是否完毕是相互独立的。现用马尔可夫链来描述这个服务系统。

设 $X_n=X(n\Delta t)$ 表示时刻 $n\Delta t$ 时，系统内的顾客数，即系统的状态。$\{X_n, n=0, 1, 2, \cdots\}$是一随机过程，状态空间 $I=\{0, 1, 2, 3\}$，而且仿照例1.6、例1.7的分析，可知它是一个齐次马尔可夫链。下面来计算此马尔可夫链的一步转移概率。

p_{00}——在系统内没有顾客的条件下，经 Δt 后仍没有顾客的概率（此处是条件概率，以下同），$p_{00}=1-q$。

p_{01}——系统内没有顾客的条件下，经 Δt 后有一顾客进入系统的概率，$p_{01}=q$。

p_{10}——系统内恰有一顾客正在接受服务的条件下，经 Δt 后系统内无人的概率，它等于在 Δt 间隔内顾客因服务完毕而离去，且无人进入系统的概率，$p_{10}=p(1-q)$。

p_{11}——系统内恰有一顾客的条件下，在 Δt 间隔内，他因服务完毕而离去，而另一顾客进入系统，或者正在接受服务的顾客将继续要求服务，且无人进入系统的概率，$p_{11}=pq+(1-p)(1-q)$。

p_{12}——正在接受服务的顾客继续要求服务，且另一个顾客进入系统的概率，$p_{12}=q(1-p)$。

p_{13}——正在接受服务的顾客继续要求服务，且在 Δt 间隔内有两个顾客进入系统的概率。由假设知，这种情况实际上是不可能发生的，即 $p_{13}=0$。

类似地，有 $p_{21}=p_{32}=p(1-q)$，$p_{22}=pq+(1-p)(1-q)$，$p_{23}=q(1-p)$，$p_{ij}=0(|i-j|\geqslant 2)$。

p_{33}——或者一人将离去且另一人将进入系统，或者无人离开系统的概率，$p_{33}=pq+(1-p)$。

于是该马尔可夫链的一步转移概率矩阵为

$$
\boldsymbol{P}=\begin{matrix} \\ 0 \\ 1 \\ 2 \\ 3 \end{matrix}\begin{matrix} \begin{matrix} 0 & & 1 & & 2 & & 3 \end{matrix} \\ \begin{pmatrix} 1-q & q & 0 & 0 \\ p(1-q) & pq+(1-p)(1-q) & q(1-p) & 0 \\ 0 & p(1-q) & pq+(1-p)(1-q) & q(1-p) \\ 0 & 0 & p(1-q) & pq+(1-p) \end{pmatrix} \end{matrix}
$$

在实际问题中，一步转移概率通常可通过统计试验确定，下面看一实例。

例 1.9　某计算机机房的一台计算机经常出故障，研究者每隔 15 分钟观察一次计算机的运行状态，收集了 24 小时的数据(共作 97 次观察)，用 1 表示正常状态，用 0 表示不正常状态，所得的数据序列如下：

11100100111111100111101111110011111111110001101101

1110110110101111011101111011111100110111111100111

设 X_n 为第 n ($n=1, 2, \cdots, 97$)个时段的计算机状态，可以认为它是一个齐次马尔可夫链，状态空间 $I=\{0, 1\}$，96 次状态转移的情况是：

$$
\left.\begin{array}{l} 0 \to 0，8\text{ 次} \\ 0 \to 1，18\text{ 次} \\ 1 \to 0，18\text{ 次} \\ 1 \to 1，52\text{ 次} \end{array}\right\}
$$

因此，一步转移概率可用频率近似地表示为

$$P_{00}=P(X_{n+1}=0 \mid X_n=0)\approx\frac{8}{8+18}=\frac{8}{26}$$

$$P_{01}=P(X_{n+1}=0 \mid X_n=1)\approx\frac{18}{18+52}=\frac{18}{70}$$

$$P_{10}=P(X_{n+1}=1 \mid X_n=0)\approx\frac{18}{8+18}=\frac{18}{26}$$

$$P_{11}=P(X_{n+1}=1 \mid X_n=1)\approx\frac{52}{18+52}=\frac{52}{70}$$

马尔可夫特性隐含的重要结论：过程在任何状态的逗留时间(Sojourn Time，ST)的分布必定具有无记忆性(Memoryless Property)。若过程未来的演化只依赖于过程当前的状态，则状态的剩余逗留时间必定与过程在该状态已经花费的时间无关。

习题

在例 1.9 中，若计算机在前一时段(15 分钟)的状态为 0，问从本时段起此计算机能连续正常工作一小时的概率为多少。

1.4　离散时间马尔可夫链的性质

离散时间马尔可夫链在排队论中广泛使用，本节我们考察离散时间马尔可夫链的五个基本性质：互通性、周期性、常返性和遍历性，以及稳定状态的分布。

1. 互通性

可达性：若对某个 $n\geqslant 1$，某两个状态 i 和 j 的 n 步转移概率大于 0，即 $p_{ij}^{(n)}\geqslant 0$，则称系统可以自状态 i 到达状态 j，记为 $i\rightarrow j$。

互通性：若有两个状态 i 和 j，$i\rightarrow j$ 且 $j\rightarrow i$，则称状态 i 和状态 j 相通，记为 $i\leftrightarrow j$。

图 1.8 给出了互通与不通的两个例子。

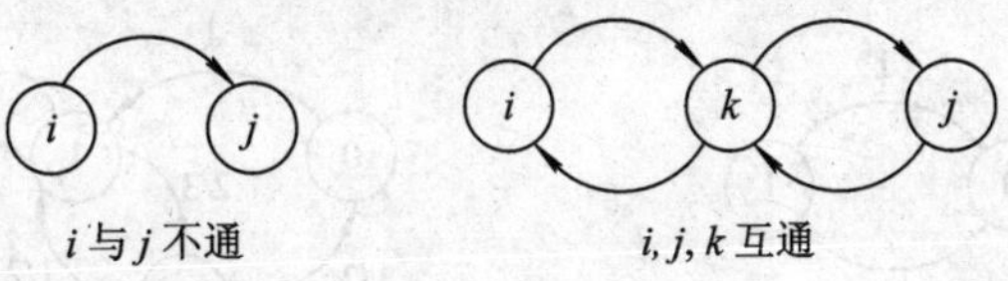

图 1.8　互通性

显然，互通性满足如下三条性质：

自反性：$i\leftrightarrow i$(假定每个状态 0 步转移到自己)；

对称性：$i\leftrightarrow j$ 当且仅当 $j\leftrightarrow i$；

传递性：若 $i\leftrightarrow k$ 且 $k\leftrightarrow j$，则 $i\leftrightarrow j$。

例 1.10　考虑例 1.7 中的一维随机游动，已经分析出其一步转移概率

矩阵为

$$
P=\begin{matrix} & \begin{matrix}1 & 2 & 3 & 4 & 5\end{matrix} \\ \begin{matrix}1\\2\\3\\4\\5\end{matrix} & \begin{bmatrix} 0 & 1 & 0 & 0 & 0 \\ 1/3 & 1/3 & 1/3 & 0 & 0 \\ 0 & 1/3 & 1/3 & 1/3 & 0 \\ 0 & 0 & 1/3 & 1/3 & 1/3 \\ 0 & 0 & 0 & 1 & 0 \end{bmatrix}\end{matrix}
$$

进一步的，我们画出其状态转移图如图 1.9 所示。图中，每条有向边上的数值即为一步转移概率。显然，该系统所有状态都互通。

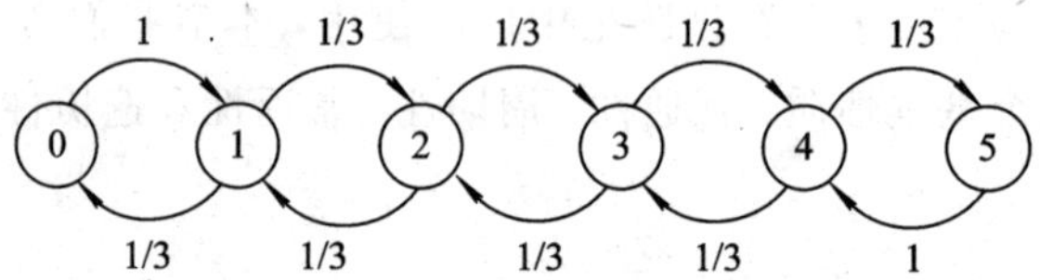

图 1.9　一维随机游动的状态转移图

2. 不可约

不可约：若一个马尔可夫链的任意两个状态都互通，则此马尔可夫链称为不可约马尔可夫链；否则称为可约马尔可夫链。

图 1.10 给出了两个不可约马尔可夫链的例子。

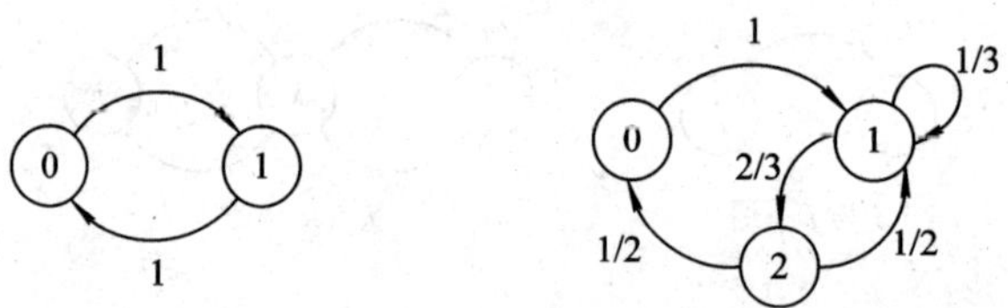

图 1.10　两个不可约马尔可夫链

图 1.10 中，节点的数字表示节点编号，边上的数字表示转移概率，两个图中，每个图的各个状态显然是互通的。

事实上，可约与不可约也可以用闭合集的概念来描述。

闭合集：设 A 是状态空间 S 的一个子集，如果从 A 中的任何一个状态

不能经过转移到达 $\overline{A}$（A 的补集）中的任何状态，则称 A 是闭合集，简称闭集。

图 1.11 给出了一个例子。

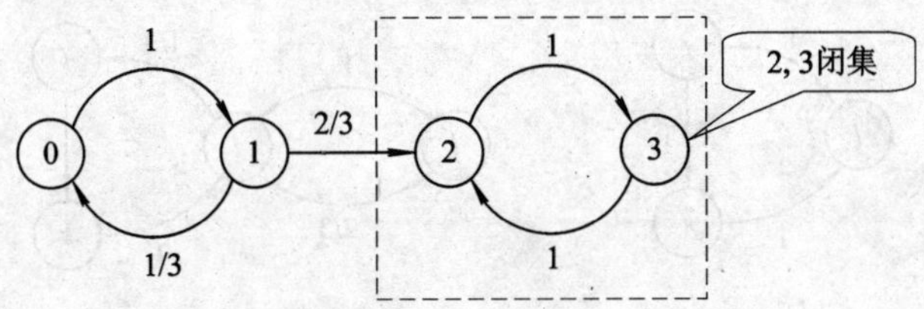

图 1.11　某马尔可夫链中的闭集(一)

图 1.11 中，虚方框所描述的即为一个闭集，这是因为状态 2 与状态 3 无法经过转移到达状态 0 和状态 1。

图 1.12 给出了另一个例子。

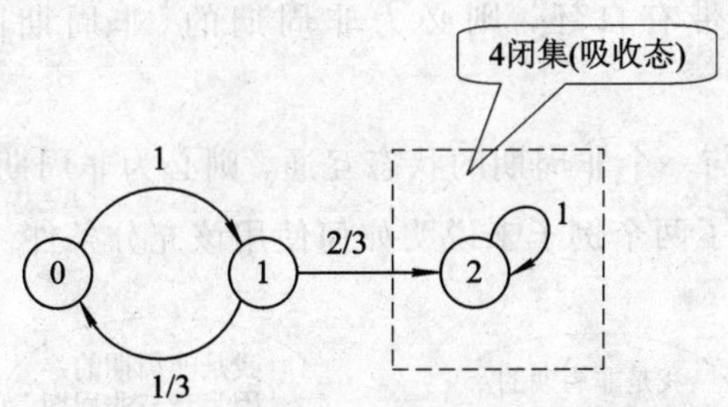

图 1.12　某马尔可夫链中的闭集(二)

图 1.12 中，虚方框所描述的也是一个闭集，因为状态 2 以概率 1 转移到自身，因此无法转移到其它状态。这种只有一个状态的闭集也简称为吸收态。

3. 周期性

周期：对于一个状态 j，若 $p_{jj}^{(n)}>0$，即过程可以经过 n 步（$n\geqslant1$）从状态 j 返回到状态 j，则定义所有正整数 n 的最大公约数为状态 j 的周期(period)，记为 d_j。若对一切 $n\geqslant1$，$p_{jj}^{(n)}=0$，则约定 $d_j=\infty$。

- 如果 $d_j>1$，那么称状态 j 是周期性状态；
- 如果 $d_j=1$，那么称状态 j 是非周期性状态。

定理 若 $i \leftrightarrow j$，则 $d_i = d_j$，即互通的状态具有相同的周期。

图 1.13 给出了两个例子，用以描述上述定理。读者可以根据周期的定义一个一个地找最大公约数来验证定理是否成立。

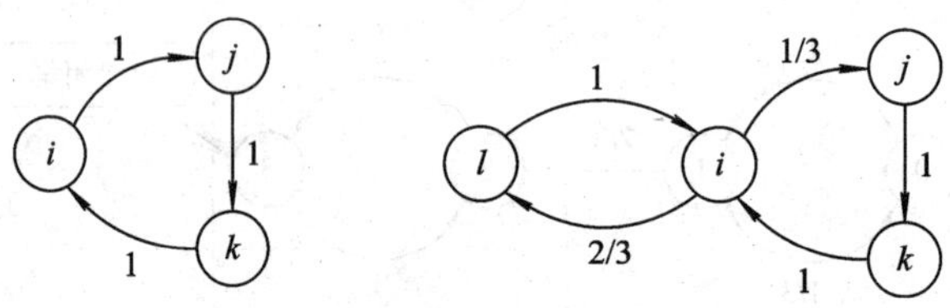

图 1.13 马尔可夫链的周期性(一)

事实上，直接根据定义来验证周期性是很繁琐的，下面给出两个比较容易判读的充分条件进行验证。

判别一个状态是非周期的充分条件：

- 若此状态带有自环，则必为非周期的(非周期的状态不一定有自环)；
- 若此状态与一个非周期的状态互通，则必为非周期的。

图 1.14 给出了两个例子来说明如何使用该充分条件。

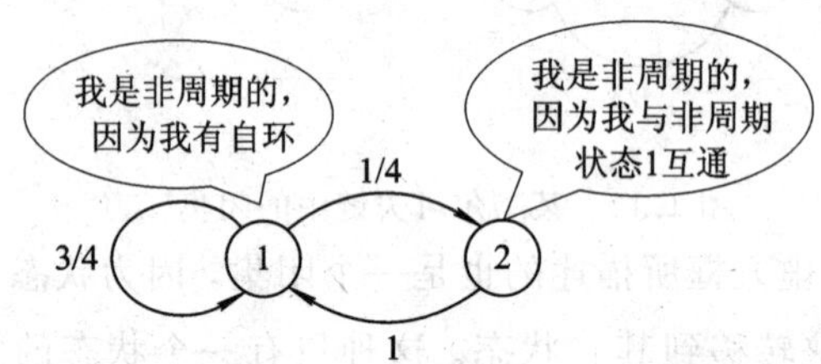

图 1.14 马尔可夫链的周期性(二)

4. 常返性

常返性是考察马尔可夫链由一个状态出发之后能否再次回归到本状态的特性。常返性分三种：

- 正常返(必定会返回，平均返回时间为有限值)；
- 零常返(必定会返回，平均返回时间为(∞)；

• 非常返(可能不再返回)。

为定义常返性，给出如下描述：

$$f_j^{(n)} = P\{\text{在离开状态 } j \text{ 后经过 } n \text{ 步首次返回 } j\}$$

$$f_j = \sum_{n=1}^{\infty} f_j^{(n)} = P\{\text{不断返回 } j\}$$

• 如果 $f_j<1$，状态 j 被称为是非常返的(暂短的(transient)或滑过的)，亦即过程存在一个离开状态 j 后决不再返回 j 的非零的正数概率。滑过态意味着从状态 j 出发至多返回状态 j 有限多次，之后就不再回到状态 j 了(返回的次数是随机的)。

• 如果 $f_j=1$，状态 j 被称为常返的(回归的(recurrent))，亦即过程在离开状态 j 后以概率 1 返回 j。常返态意味着从状态 j 出发必定要无限多次返回到状态 j。

常返态 j 的平均返回时间 M_j：定义为 $M_j = \sum_{n=1}^{\infty} n f_j^{(n)}$，它是离散马尔可夫链中离开状态 j 后第一次返回状态 j 所需要的平均步数。

• 零常返：具有无限的平均返回时间($M_j=\infty$或$\frac{1}{M_j}=0$)的常返态。

• 正常返：满足 $M_j<\infty$的常返态。

图 1.15 中，p、q 为转移概率，且都大于 0，$p+q=1$，请读者尝试用定义来验证各个状态的常返性。

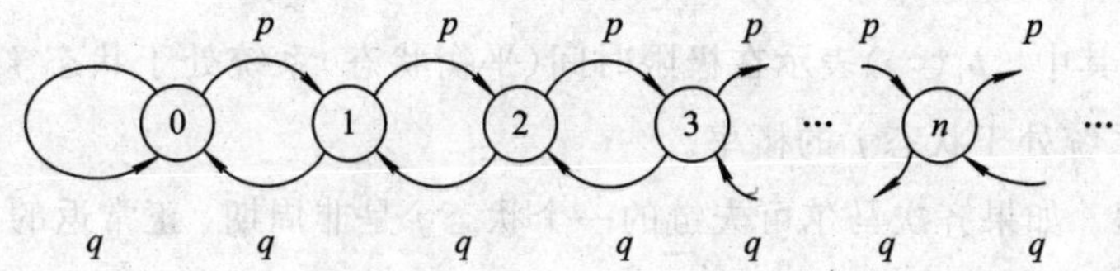

图 1.15　马尔可夫链的常返性(一)

在此，我们直接给出结果：若 $p<q$，则均为正常返；若 $p=q$，则均为零常返；若 $p>q$，则均为非常返。

图 1.16 给出了一个例子。

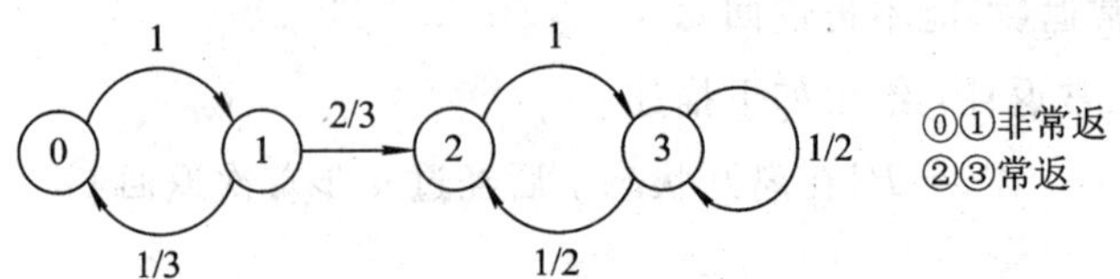

图 1.16　马尔可夫链的常返性(二)

图 1.16 中，状态 0 和状态 1 是互通的，一旦由状态 1 以概率 2/3 转移到状态 2，就不能返回，所以状态 0 和状态 1 均为非常返，状态 2 和状态 3 显然是常返，具体是正常返还是零常返则要根据上述公式来计算。

事实上，判断马尔可夫链的常返性经常使用如下方法。

对有限状态齐次马尔可夫链，必有：

- 若此马尔可夫链不可约，则 E 全由常返态组成；
- 不存在零常返态；
- 不可约马尔可夫链均由正常返态组成。

定理　设 X 是不可约马尔可夫链，那么其状态集 E 或者全由非常返态组成，或者全为零常返态，或者全为正常返态，且每个状态周期相同。

这个定理也被称做“不可约马尔可夫链的状态一致性”。

5. 遍历性

马尔可夫链的遍历性：在马尔可夫链中，如果 n 步转移概率 $p_{ij}^{(n)}$ 对一切 i，j 存在不依赖于 i 的极限，即 $\lim\limits_{n\to\infty} p_{ij}^{(n)} = p_j(\infty) = p_j$，则称马尔可夫链具有遍历性。其中，$p_j(\infty)$ 表示在极限时间(平衡状态)系统处于状态 j 的概率，p_j 表示系统处于状态 j 的概率。

定理　如果齐次马尔可夫链的一个状态 j 是非周期、正常返的，则此状态 j 为遍历的。

定理　如果一个不可约马尔可夫链所有状态均为遍历的，则此马尔可夫链就是遍历链。

例 1.11　设马尔可夫链的状态空间为 $S=\{1, 2, 3, \cdots\}$，转移概率为：$P_{11}=1/2$，$P_{i,i+1}=1/2$，$P_{i1}=1/2$，$i\in S$，研究各状态的分类。

解　画出状态转移图，如图 1.17 所示。

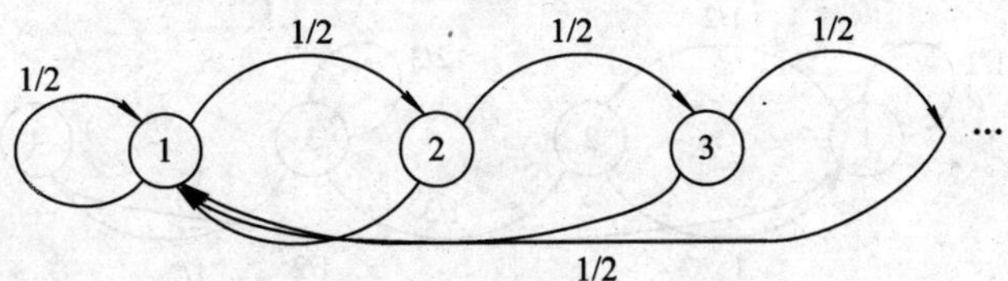

图 1.17　例 1.11 的状态转移图

由图可知

$$f_1^{(n)} = \left(\frac{1}{2}\right)^n$$

故

$$f_1 = \sum_{n=1}^{\infty} \left(\frac{1}{2}\right)^n = 1$$

故状态 1 是常返的。又

$$M_1 = \sum_{n=1}^{\infty} n\left(\frac{1}{2}\right)^n < \infty$$

故状态 1 是正常返的。

易知状态 1 是非周期的，从而状态 1 是遍历的。

对于其它状态，由于 $1 \leftrightarrow i$，$i \in S$，因此也是遍历的。

例 1.12　设齐次马尔可夫链的状态空间为{1, 2, 3, 4}，一步转移矩阵为：

$$\boldsymbol{P} = \begin{pmatrix} 1/2 & 1/2 & 0 & 0 \\ 1 & 0 & 0 & 0 \\ 0 & 1/3 & 2/3 & 0 \\ 1/2 & 0 & 1/2 & 0 \end{pmatrix}$$

试研究其状态关系。

解　画出状态转移图，如图 1.18 所示。

可知：

$$f_4^{(n)} = 0 (n \geqslant 1) \Rightarrow f_4 = 0 < 1$$

$$f_3^{(1)} = \frac{2}{3},\ f_3^{(n)} = 0 (n > 1) \Rightarrow f_3 = \frac{2}{3} < 1$$

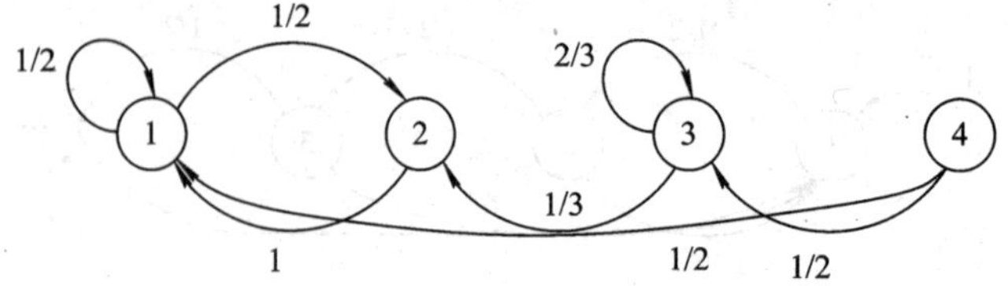

图 1.18　例 1.12 的状态转移图

故状态 3 和状态 4 为非常返态。

$$f_1 = f_1^{(1)} + f_1^{(2)} + 0 + \cdots + 0 + \cdots = 1$$

$$f_2 = \sum_{n=1}^{\infty} f_2^{(n)} = 0 + \frac{1}{2} + \frac{1}{4} + \cdots + \frac{1}{2^{n-1}} + \cdots = 1$$

$$M_1 = \sum_{n=1}^{\infty} n f_1^{(n)} = 1 \times \frac{1}{2} + 2 \times \frac{1}{2} = \frac{3}{2} < \infty$$

$$M_2 = \sum_{n=1}^{\infty} n f_2^{(n)} = 1 \times 0 + 2 \times \frac{1}{2} + \cdots + n \cdot \frac{1}{2^{n-1}} + \cdots = 3 < \infty$$

故状态 1 和状态 2 都是正常返的，易知它们是非周期的，从而是遍历状态。

6. 稳定状态分布

在离散马尔可夫链中，一个重要问题是研究稳定状态分布的存在及其评价。即

平稳的概率分布(平稳分布)：定义在 DTMC 状态上的概率分布列 $\{z_i, i \in S\}$(即 $z_i \geqslant 0$，$\sum\limits_i z_i = 1$) 被称为是平稳的，如果有 $z_i = \sum\limits_{j \in S} z_j p_{ji}$，$\forall\, i \in S$，这时对一切 $n \geqslant 1$ 有，$z_i = \sum\limits_{j \in S} z_j p_{ji}^{(n)}$，$\forall\, i \in S$，也就是说，一旦过程到达该平稳分布，则对于所有后续的步而言，过程取哪一个状态的概率不再随时间而变化，各状态的概率趋于稳定。

极限概率$\{\eta_j, j \in S\}$(过程处于 j 状态)定义为：$\eta_j = \lim\limits_{n \to \infty} \eta_j(n)$，($\eta_j(n)$ 为 n 时刻过程处于 j 状态的概率)。极限概率的意义在于，对于固定的状态 j，不管链在某一时刻从什么状态出发，到达状态 j 的概率都趋近于 η_j，这就是遍历性。

对于所有有限的、非周期的和齐次的 DTMC，上述极限存在。进一步，若 DTMC 是不可约的，则该极限与初始分布$\{\eta_j(0), j\in S\}$无关，而且既然所有状态是常返的，即 $\eta_j>0$，$\forall j\in S$，则极限概率$\{\eta_j, j\in S\}$形成一个平稳分布。

在这种情况下，所有状态是遍历的，且 DTMC 本身也是遍历的。极限概率$\{\eta_j, j\in S\}$是唯一的，能通过下列线性方程①求解：

$$\begin{cases} \eta_j = \sum_{i\in S}\eta_i p_{ij}, \quad \forall j \in S & \text{(a)} \\ \sum_{j\in S}\eta_j = 1, \quad \text{正则条件} & \text{(b)} \end{cases}$$

定理　马尔可夫链是遍历的⇔其平稳分布必定存在、唯一、与初始分布无关且保持不变。

我们用图 1.19 来说明上述描述。

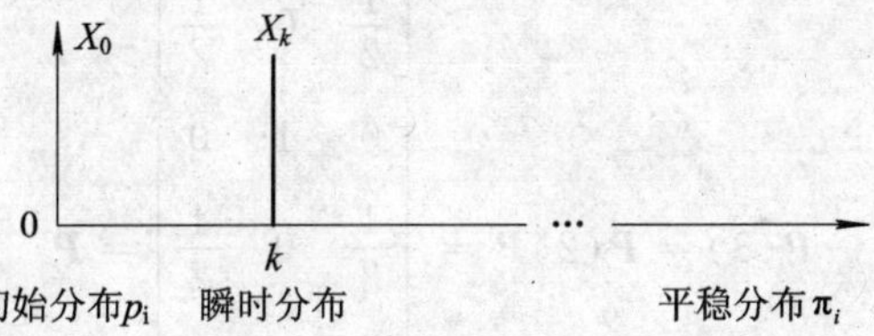

图 1.19　马尔可夫链的初始分布、瞬时分布与平稳分布

那么，如何判读系统是否存在平稳分布呢？上述定理已经告诉我们，对马尔可夫链，只要判别是否遍历即可，为此，我们给出如下定理。

定理　设齐次马尔可夫链的状态空间为 $S=\{1, 2, 3, \cdots, N\}$，P 是其一步转移概率矩阵，如果存在正整数 m，使对任意的状态 i，$j\in S$ 都有 $p_{ij}(m)>0$，$i, j=1, 2, 3, \cdots, N$，即 m 步转移矩阵没有零元，则此链具有遍历性，且由极限分布 $\eta=(\eta_1, \cdots, \eta_n)$知，它是方程组 $\eta=\eta p$ 的满足条件 $\eta_j>0$，$\sum_{j=1}^{N}\eta_j=1$ 的唯一解。

① 该线性方程组或者类似的线性方程组在排队论的解析中得到广泛应用。

依照上述定理，为证明链是遍历的，只需要找到一个整数 m，使得 m 步转移概率矩阵 $\boldsymbol{P}(m)=\boldsymbol{P}^m$ 没有零元即可。

例 1.13 一质点在 1、2、3 三个点上作随机游动，1 和 3 是两个反射壁，当质点处于 2 时，下一时刻转移到 1 和 3 的概率各为 1/2。写出一步转移概率矩阵，判断此链是否具有遍历性，若有，则求出极限分布。

解

$$\boldsymbol{P}=\begin{bmatrix}0 & 1 & 0\\ \frac{1}{2} & 0 & \frac{1}{2}\\ 0 & 1 & 0\end{bmatrix}$$

$$\boldsymbol{P}(2)=\boldsymbol{P}^2=\begin{bmatrix}\frac{1}{2} & 0 & \frac{1}{2}\\ 0 & 1 & 0\\ \frac{1}{2} & 0 & \frac{1}{2}\end{bmatrix}$$

$$\boldsymbol{P}(3)=\boldsymbol{P}(2)\boldsymbol{P}=\begin{bmatrix}0 & 1 & 0\\ \frac{1}{2} & 0 & \frac{1}{2}\\ 0 & 1 & 0\end{bmatrix}=\boldsymbol{P}$$

一般地，$\boldsymbol{P}(2n+1)=\boldsymbol{P}$，$\boldsymbol{P}(2n)=\boldsymbol{P}(2)$，故对任一固定的 $j(j=1,2,3)$，极限 $\lim\limits_{n\to\infty}p_{ij}(n)$ 都不存在，按定义，此链不具有遍历性。

例 1.14 一质点在 1、2、3 三个点上随机游动，1 和 3 是两个反射壁，当质点处于 2 时，下一时刻处于 1、2、3 是等可能的。写出一步转移概率矩阵，判断此链是否具有遍历性，若有，则求出极限分布。

解

$$\boldsymbol{P}=\begin{matrix}1\\2\\3\end{matrix}\begin{bmatrix}0 & 1 & 0\\ \frac{1}{3} & \frac{1}{3} & \frac{1}{3}\\ 0 & 1 & 0\end{bmatrix}$$

$$P(2)=P^2=\begin{bmatrix}\frac{1}{3} & \frac{1}{3} & \frac{1}{3}\\ \frac{1}{9} & \frac{7}{9} & \frac{1}{9}\\ \frac{1}{3} & \frac{1}{3} & \frac{1}{3}\end{bmatrix}$$

由定理可知，此链具有遍历性。

设极限分布 $\eta=(\eta_1,\eta_2,\eta_3)$，得方程组

$$\begin{cases}\eta_1=\frac{1}{3}\eta_2\\ \eta_3=\frac{1}{3}\eta_2\\ \eta_1+\eta_2+\eta_3=1\end{cases}$$

解得

$$\eta_1=\frac{1}{5},\ \eta_2=\frac{3}{5},\ \eta_3=\frac{1}{5}$$

例 1.15　考虑一个双处理器系统，包括两个 CPU 及它们的私用存储器和一个共用存储器，共用存储器一次只能允许一个处理器访问。

两个 CPU 共享一个时钟，在发出一个共用存储器存取请求以前，私用存储器运行一个随机数量周期。假定这个随机数量周期是参数为 p 的几何分布，使得一个处理机在它私用存储器运行的每个周期发出一个共用存储器存取请求的概率为 p，在两个共用存储器存取请求之间的平均周期数量为$\frac{1}{1-p}$。

共用存储器存取时间间隔也假定为参数为 q 的几何分布，当共用存储器存取进行时，在每个周期完成一个共用存储器存取的概率为 q，共用存储器存取的平均期间为$\frac{1}{1-q}$周期。

在初始环境，假定仅有一个处理机可操作。在这种情况，系统仅处于下列两个状态中的一个状态：

(1) 处理机正在它的私用存储器中运行；

(2) 处理机正在共用存储器中存取。

系统的行为可由两状态的离散时间过程模拟。设所引进的系统工作负载假定条件使得系统动态行为满足没有记忆特性，它是 DTMC。它有转移概率矩阵：

$$\begin{bmatrix} 1-p & p \\ q & 1-q \end{bmatrix}$$

这个两状态的 DTMC 的特性在图 1.20 中描述。这个图同转移概率矩阵描述了相同的信息，这种图称为 DTMC 的状态(转换)图，如图 1.20 所示。

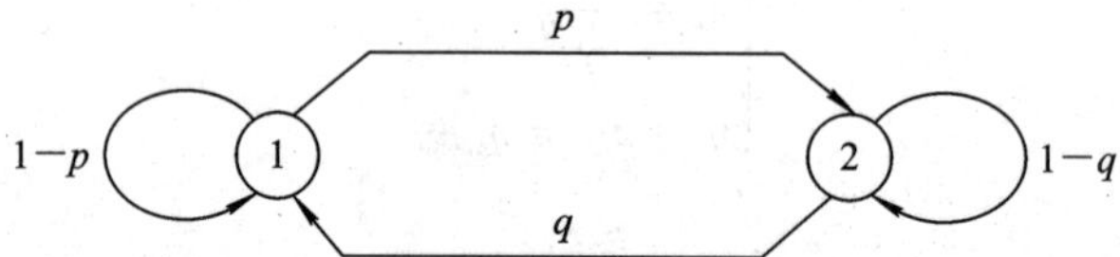

图 1.20 单处理机模型的状态转换图

只要 p 和 q 大于零且小于 1，这个两状态的 DTMC 就明显是不可约的和非周期的。在相同的假定下，此模型是历遍的，稳定状态分布可由下列线性方程求得：

$$\begin{cases} \eta_1 = (1-p)\eta_1 + q\eta_2 \\ \eta_2 = p\,\eta_1 + (1-q)\eta_2 \\ 1 = \eta_1 + \eta_2 \end{cases}$$

注意到前两个方程是线性相关的，因而其中一个可以删除。可求得其稳定状态概率为

$$\boldsymbol{\eta} = \left(\frac{q}{p+q}, \frac{p}{p+q}\right)$$

它表明处理机执行在私用存储器的稳定状态概率是 $q/p+q$，状态 2 的平均返回时间是 $p+q/p$ 个周期，在两个连续私用存储器存取之间共用存储器的平均存取周期是 p/q。

现在让我们回到两个处理机的系统，假定它们的工作负载特性如上所述，用下标 A 和 B 表示不同处理机的执行可能性，则系统可有如下五个

状态：

(1) 两个处理机都在私用存储器中执行。

(2) 处理机 B 在私用存储器中执行，而处理机 A 在共用存储器中存取。

(3) 处理机 A 在私用存储器中执行，而处理机 B 在共用存储器中存取。

(4) 处理机 B 在等待共用存储器，而处理机 A 在共用存储器中存取。

(5) 处理机 A 在等待共用存储器，而处理机 B 在共用存储器中存取。

系统的行为可由一个五状态的离散时间过程模拟。在系统负载引进的假定使系统动态满足无记忆特性，系统的行为是 DTMC。它有转移概率矩阵：

$$\boldsymbol{P}=\begin{bmatrix} \bar{p}_A\bar{p}_B & p_A\bar{p}_B & \bar{p}_A p_B & p_A p_B & 0 \\ q_A\bar{p}_B & \bar{q}_A\bar{p}_B & q_A p_B & \bar{q}_A p_B & 0 \\ \bar{p}_A q_B & p_A q_B & \bar{p}_A\bar{q}_B & 0 & p_A\bar{q}_B \\ 0 & 0 & q_A & \bar{q}_A & 0 \\ 0 & q_B & 0 & 0 & \bar{q}_B \end{bmatrix}$$

其中：若用 y 表示 p 或 q，用 X 表示 A 或 B，则有 $\bar{y}_X=(1-y_X)$。在两个处理机同时向共用存储器提出存取要求时，优先级给予处理机 A。

在 p_A，p_B，q_A 和 q_B 都大于 0 小于 1 的条件下，这个 DTMC 是不可约的和非周期的，因此是历遍的。同理，利用稳定状态分布的线性方程组求解方法可以计算此 DTMC 的稳定状态概率矩阵 $\boldsymbol{\eta}$。

习题

(1) 若把例 1.7 中一维随机游动的例子中的反射壁更改为吸收壁，即质点移动到吸收壁上则以概率 1 于吸收壁停留，请分析其互通性。

(2) 一个粒子漫游者在整数轴上随机行走。假定：如果在时间点 n，它处于一个奇数点，则在时间点 $n+1$，它移动到一个偶数点；如果在时间点 n，它处于在一个偶数点，则它移到另一个偶数点的概率为 w，否则它移到一个奇数点。定义一个两状态的马尔可夫链模型描述它的行为，并给出：

(a) 第 4 步的状态转换矩阵。

(b) 当 w 为何值时，马尔可夫链是(i)非周期的；(ii)常返的。

(c) 粒子漫游者在偶数状态的概率。

(3) 已知某齐次马尔可夫链的状态转移图如图 1.21 所示，写出一步转移概率矩阵，并判断此链是否具有遍历性，若有，则求出极限分布。

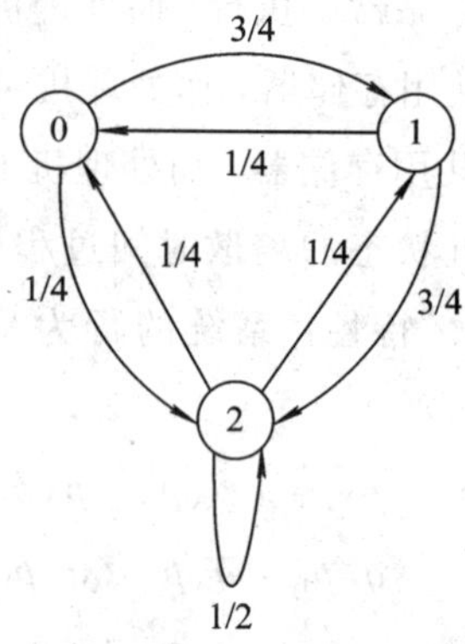

图 1.21　某齐次马尔可夫链的状态转移图

(4) 图 1.22 分别描述了四个马尔可夫链的状态转移图，请分别判断它们的互通、不可约、周期、常返与遍历特性。

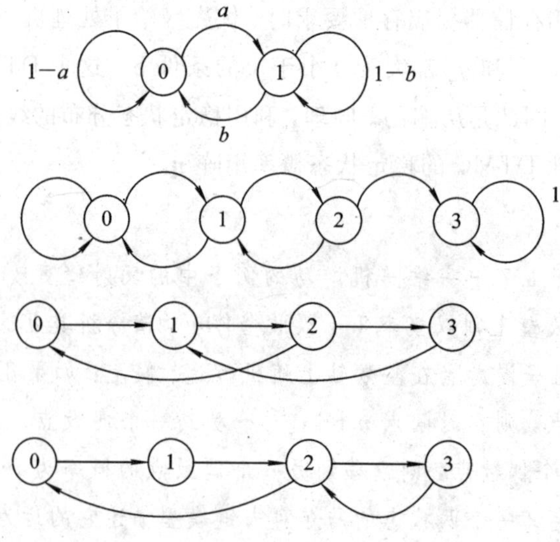

图 1.22　马尔可夫链的状态转移图

1.5　连续时间马尔可夫链

定义：随机过程$\{X(t),\ t\geqslant 0\}$是一个连续时间马尔可夫链（简称 CTMC），即对于$\forall n\in N$，$\forall x_k\in S$，且所有序列$\{t_0,\ t_1,\ \cdots,\ t_{n+1}\}$满足$t_0<t_1<\cdots<t_{n+1}$，

$$P\{X(t_{n+1})=x_{n+1}\mid X(t_n)=x_n,\ X(t_{n-1})=x_{n-1},\ \cdots,\ X(t_0)=x_0\}$$

$$=P\{X(t_{n+1})=x_{n+1}\mid X(t_n)=x_n\},\quad t_{n+1}>t_n>\cdots>t_0$$

上述定义是 DTMC 定义的连续时间版本，方程右边是 CTMC 的转移概率。

假定过程在时间t时的状态为i，而在时间θ的状态为j，且$\theta>t$，则转移概率：

$$p_{ij}(t,\ \theta)=P\{X(\theta)=j\,|\,X(t)=i\}$$

当$\theta=t$时，定义：

$$p_{ij}(t,\ t)=\begin{cases}1, & i=j\\ 0, & \text{otherwise}\end{cases}$$

如果 CTMC 是时间齐次的，则转移概率仅依赖于时间差$\tau=\theta-t$，简化书写符号有：

$$p_{ij}(\tau)=P\{X(t+\tau)=j\,|\,X(t)=i\}$$

表示给定过程当前处于状态i，经过时间间隔τ后过程在状态j的概率。

在状态空间S上对所有状态j求$p_{ij}(\tau)$的累加和，结果为 1。对所有的τ，皆有此成立。

同 DTMC，CTMC 随机过程的完全概率描述仅依赖于初始分布和转移概率。

1. 稳定状态分布

首先，令$\eta_i(t)=P\{X(t)=i\}$，定义极限概率$\{\eta_j,\ j\in S\}$为

$$\eta_j=\lim_{t\to\infty}\eta_j(t)$$

同离散情况，稳定状态分布的存在条件依赖于链的结构和状态的分类。

定义：在一定条件下，极限

$$q_{ij}=\begin{cases}\lim\limits_{\Delta t\to 0}\dfrac{p_{ij}(\Delta t)}{\Delta t}, & i\neq j\\ \lim\limits_{\Delta t\to 0}\dfrac{p_{ii}(\Delta t)-1}{\Delta t}, & i=j\end{cases}$$

存在，我们称 q_{ij} 为马尔科夫过程的瞬间转移速率或发生器，又称为无穷小转移率或跳跃强度，它刻画了马尔科夫过程的转移概率函数在零时刻对时间的变化率；$-q_{ii}$ 是过程离开状态 i 的速率。从上式可见：

$$q_{ij}\geqslant 0,\ i\neq j;\ q_{ij}\leqslant 0,\ i=j$$

假定 q_{ij} 对于 $\forall i,j\in S$ 是有限的，则有：

$$\sum_{j\in S}q_{ij}=0,\qquad \forall i\in S$$

定义状态 j 的首次命中时间 h_j 是过程在离开当前状态后第 1 次进入状态 j 的时刻。进一步让(类似于 DCMC，可称之为首达概率)：

$$f_{ij}=P\{h_j<\infty\mid X(0)=i\}$$

• 如果 $f_{jj}<1$，亦即，如果过程离开状态 j 后决不返回 j 存在一个正概率，则状态 j 说做是滑过的或暂短的(transient)。

• 如果 $f_{jj}=1$，亦即，如果过程离开状态 j 后在有限时间内返回 j 的概率为 1，则状态 j 说做是常返的或回归的(recurrent)。

• 如果对于所有 $j\neq i$，有 $q_{ij}=0$，则说状态 i 是吸收的(absorbing)。

补充说明：对于 CTMC，无需引入周期的概念。

定义：若存在 $t>0$，使得 $p_{ij}(t)>0$，则称由状态 i 可达状态 j，记为 $i\to j$；若对一切 $t>0$，有 $p_{ij}(t)=0$，则称由状态 i 不可达状态 j；若 $i\to j$ 且 $j\to i$，则称状态 i 与 j 相通，记作 $i\leftrightarrow j$。

由上面可知，相通是一等价关系，从而可根据相通关系对状态空间分类。相通的状态组成一个状态类。

假设状态空间 S 的一个子集 A 是闭合的(closed)，如果

$$\sum_{i\in A}\sum_{j\in\bar{A}}q_{ij}=0$$

则在此情况下，对于所有 $i\in A$，所有 $j\in\bar{A}$ 和所有 $t>0$，都有 $p_{ij}(t)=0$，因

此不能从 A 中的状态出发到达 $\overline{A}$ 中的状态。

一个CTMC的状态空间 S 没有子集是闭合的，整个状态空间是一个状态类，则说它是不可约的(irreducible)，每一个状态可由任何其它状态达到。

对于所有具有有限状态、不可约和齐次的CTMC，限定概率存在，与初始分布 $\{\eta_i(0), j\in S\}$ 无关，可形成稳定状态概率。由解下列线性方程系统获得：

$$\begin{cases}\sum_{j\in S} q_{ji}\eta_j = 0, \quad \forall i \in S \\ \sum_{i\in S} \eta_i = 1\end{cases}$$

在上述条件下，CTMC的状态是遍历的，所以这个链本身也被称为是遍历的。

状态 j 的平均返回时间 M_j 定义为离开状态 j 后首次返回状态 j 的平均时间：

$$M_j = -\frac{1}{\eta_j q_{jj}}$$

2. 矩阵方程式

定义转移概率矩阵 $\boldsymbol{P}(t)$ 为

$$\boldsymbol{P}(t) = \lfloor p_{ij}(t) \rfloor, \quad \boldsymbol{P}(0) = \boldsymbol{I}$$

定义矩阵：

$$\boldsymbol{Q} = \lfloor q_{ij} \rfloor$$

叫做转移概率矩阵 $\boldsymbol{P}(t)$ 的无限产生器或者转换速率矩阵。

一个可约CTMC的稳定状态概率的矩阵方程：

$$\boldsymbol{\eta Q} = 0$$

其中，$\boldsymbol{\eta}$ 是向量：$\boldsymbol{\eta} = (\eta_1, \eta_2, \cdots)$。

3. 逗留和回归时间

CTMC在状态 $i\in S$ 的逗留时间是指数分布的随机变量，用 SJ_i 表示，有：

$$f_{SJ_i}(\tau_i) = -q_{ii}\mathrm{e}^{q_{ii}\tau_i}, \quad \tau_i \geqslant 0$$

注：上式即参数为$-q_{ii}$的负指数分布的概率密度函数，$-q_{ii}$是过程离开状态i的速率。因此，在状态i的平均逗留时间是

$$E[SJ_i] = -\frac{1}{q_{ii}}$$

• 时间t的前向返回时间$\phi(t)$：过程在t时间状态仍将进一步维持所要花费的时间数量，即从时间t到下一次状态改变所经历的时间长度，亦即

$$\phi(t) = \min\{\theta > 0: X(t+\theta) \neq X(t)\}$$

根据状态逗留时间的无记忆性概率分布函数，可以有：

$$P\{\phi(t) > x \mid X(t) = i\} = \mathrm{e}^{q_{ii}x}$$

因此前向返回时间同逗留时间一样是指数分布，且具有相同的概率分布函数。

• 时间t的后向返回时间：过程在t时间状态已经花费了的时间。

如果参数$t \in (-\infty, \infty)$，则后向、前向返回时间具有相同的性质。通常在参数$t \in [0, \infty)$时，后向返回时间的分布是截尾的指数分布。无论如何，在$t \to \infty$的极限情况下，前、后向返回时间都是指数分布的。

例 1.16 同在 DTCM 中的例子一样，考虑一个双处理器系统的连续时间情况。两个 CPU 在发出一个共用存储器要求以前，私用存储器运行一个随机时间。假定这个随机时间是参数为λ的指数分布(其从私有内存转到共有内存的转移速率是λ)，在两个共用存储器访问之间它花费在私用存储器的平均时间是$1/\lambda$。

对共用存储器进行存取的时间间隔也假定为参数为μ的指数分布(其从共有内存转到私有内存的转移速率为μ)，平均共用存储器存取时间是$1/\mu$。

在初始环境，假定仅有一个处理机可操作。在这种情况，系统仅处于下列两个状态中的一个状态：

(1) 处理机正在它的私用存储器中运行；

(2) 处理机正在共用存储器中存取。

系统的行为可由两状态的连续时间过程模拟。假设引进的系统工作负

载条件使得系统动态行为满足没有记忆特性，即系统具有马尔可夫特性。它是两状态的 CTMC，它的无限产生器：

$$\boldsymbol{Q} = \begin{bmatrix} -\lambda & \lambda \\ \mu & -\mu \end{bmatrix}$$

这个两状态的 CTMC 的特性在图 1.23 中描述，这种图叫做 CTMC 的状态(转换)图。

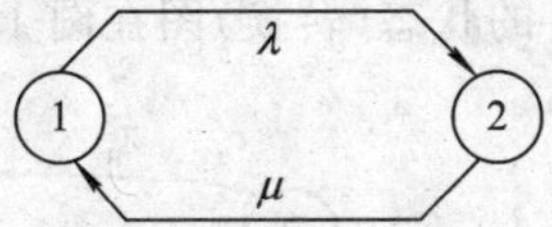

图 1.23　单个处理机模型的状态转换速率图

这个两状态 CTMC 的稳定状态分布可由下列线性方程求解获得：

$$\begin{cases} 0 = -\lambda\eta_1 + \mu\eta_2 \\ 0 = \lambda\eta_1 - \mu\eta_2 \\ 1 = \eta_1 + \eta_2 \end{cases}$$

注意到前两个方程是线性相关的，因此其中一个可以删除。可求得其稳定状态概率为：

$$\boldsymbol{\eta} = \left(\frac{\mu}{\lambda + \mu}, \frac{\lambda}{\lambda + \mu}\right)$$

它表明处理机执行在私用存储器的稳定状态概率是 $\mu/(\lambda+\mu)$。

现在让我们回到两个处理机的系统，对这两个处理器分别命名为 A 和 B。假定它们的工作负载特性如上所示，用下标 A 和 B 表示不同处理机的工作负载参数，系统可有如下五个状态：

(1) 两个处理机都在私用存储器中执行。

(2) 处理机 B 在私用存储器中执行，而处理机 A 在共用存储器中存取。

(3) 处理机 A 在私用存储器中执行，而处理机 B 在共用存储器中存取。

(4) 处理机 B 在等待共用存储器，而处理机 A 在共用存储器中存取。

(5) 处理机 A 在等待共用存储器，而处理机 B 在共用存储器中存取。

系统的行为可由一个五状态连续时间过程模拟。由系统负载的假定知

系统满足无记忆特性，系统的行为是 CTMC。它有无限产生器为

$$
\boldsymbol{Q}=\begin{bmatrix} -\lambda_A-\lambda_B & \lambda_A & \lambda_B & 0 & 0 \\ \mu_A & -\mu_A-\lambda_B & 0 & \lambda_B & 0 \\ \mu_B & 0 & -\lambda_A-\mu_B & 0 & \lambda_A \\ 0 & 0 & \mu_A & -\mu_A & 0 \\ 0 & \mu_B & 0 & 0 & -\mu_B \end{bmatrix}
$$

这五个状态的 CTMC 的状态(转换)图在图 1.24 中描述。

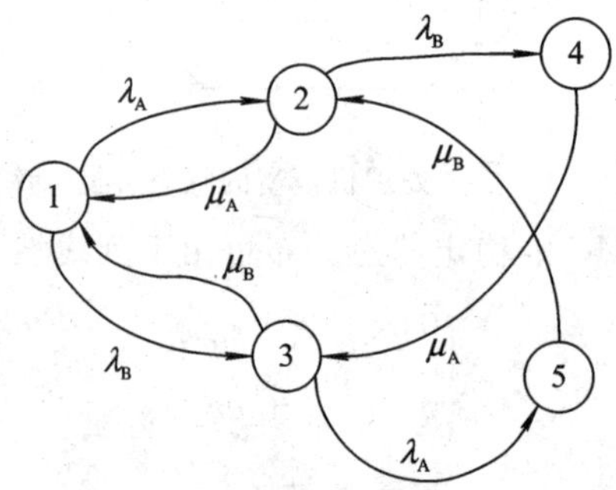

图 1.24　两个处理机模型的状态转换速率图

应当注意到这个 CTMC 模型的描述比 DTMC 模型的描述简单，这是因为连续随机变量对执行和存取时间的描述使得两个事件同时发生的概率为零。因此，在连续时间模型的组织中，我们仅描述相对应于个体处理机活动的事件，而不用担心在同时有多个事件发生的可能性。在实际上，既然两个处理机同时向共用存储器提出存取要求事件的概率为零，那么就没有必要设置优先级给予处理机 A。

1.6　生灭过程

生灭过程是一种特殊的马尔可夫过程，即每一次状态转移都发生在相邻状态之间的齐次马尔可夫链，其状态的变化只可能有三种情况：加 1(生)、减 1(灭)和不变，如图 1.25 所示。

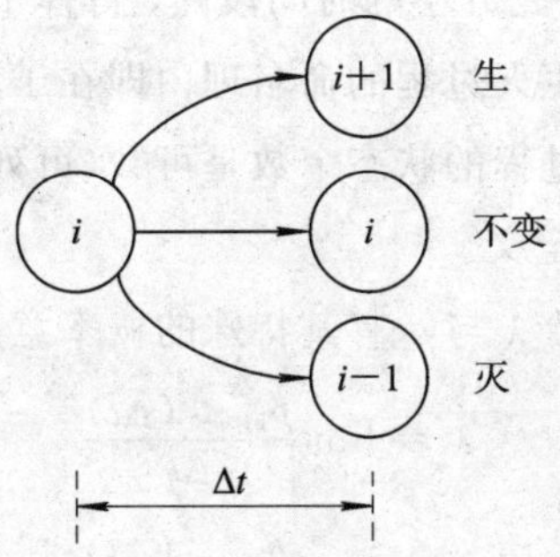

图 1.25　生灭过程的三种状态转移

定义：假定某个系统具有可列状态集 $E=\{0, 1, 2, \cdots\}$，设 $N(t)$表示时刻 t 系统所处的状态，对任意 Δt，$t\geqslant 0$，Δt 充分小，且

(1) $p_{n,\,n+1}(\Delta t)=P\{N(t+\Delta t)=n+1\,|\,N(t)=n\}$

$$=\lambda\Delta t+o(\lambda\Delta t),\quad \lambda>0,\ n\in E$$

(2) $p_{n,\,n-1}(\Delta t)=P\{N(t+\Delta t)=n-1\,|\,N(t)=n\}$

$$=\mu\Delta t+o(\mu\Delta t),\quad \mu>0,\ n\in E/\{0\}$$

(3) $p_{i,\,j}(\Delta t)=P\{N(t+\Delta t)=i\mid N(t)=i\}$

$$=1-\sum_{j\neq i}p_{ij}(\Delta t)$$

$$=1-(\lambda+\mu)\Delta t+o(\Delta t),\quad j,\ i\in E$$

(4) $p_{i,\,j}(\Delta t)=P\{N(t+\Delta t)=j\,|\,N(t)=i\}$

$$=o(\Delta t),\quad |j-i|\geqslant 2,\ j,\ i\in E$$

则称 $N(t)$是生灭过程①。

上述四个特性可结合图 1.25 来解释：在间隔为 Δt 的一个充分小的时间段内，忽略高阶无穷小项后，以 $N(t)$表示时刻 t 系统内某群体的个数，则该群体个数 n 的状态转移只有如下可能：

- “生”：从 n 增加一个，其概率为 $\lambda\Delta t$；
- “灭”：从 n 减少一个，其概率为 $\mu\Delta t$；
- “不变”：群体个数 n 保持不变，其概率为 $1-(\lambda+\mu)\Delta t$。

---

① 生灭过程我们将在排队系统概论中继续讲述。

而特性(4)则说明在充分小的时间段内，群体个数的变化大于等于 2 的情况在概率上可忽略。生灭过程的命名理由即在于此。

上述定义中，生灭过程的状态个数是可数(可列)的。类似的，还可以建立有限状态生灭过程的定义。

在生灭过程中，参数 λ 与 μ 有其特殊的概率意义，由前面的定义易知

$$\lambda = \lim_{\Delta t \to 0} \frac{p_{n,\ n+1}(\Delta t)}{\Delta t}$$

$$\mu = \lim_{\Delta t \to 0} \frac{p_{n,\ n-1}(\Delta t)}{\Delta t}$$

这表明 λ 与 μ 有瞬时转移速率的含义，故也可以称为转移强度或者转移密度。

生灭过程的研究有两个重要的问题：第一，对任何时刻 t，概率 $P\{N(t)=n\}$ 如何求得；第二，当 t 趋于无穷时，$P\{N(t)=n\}=P_n$ 是否成立，即极限 P_n 是否存在，P_n 是否能够构成概率分布，即所有的 P_n 之和是否等于 1(概率归一化)，如果该分布存在，如何求解。

第一个问题的求解称为生灭过程的瞬态分析，由于瞬态分析比较复杂，实际中应用很少，多数采用稳态分析，即第二个稳态的求解方法。在稳态分析中，若极限 P_n 存在并构成概率分布，则称该生灭过程能达到统计平衡，该概率分布称为统计平衡解(稳定解)。生灭过程的统计平衡解存在与否有充要条件可进行判断，在此不详细介绍。在本课程中涉及的生灭过程均存在统计平衡解，我们将不给出统计平衡解存在的证明，而只给出统计平衡解的求解。

习题

试给出有限状态生灭过程的定义。

第 2 章　排队现象建模

2.1　排队现象分析

众所周知，一个电话系统能够为主叫用户与被叫用户之间提供语音通话服务，该服务承载于某条通信信道之上(或称通信路由，亦称话路)。如果为每一对用户之间提供一条固定的通信信道，则 2 个用户需要 1 条信道，3 个用户需要 3 条信道，4 个用户需要 6 条信道……一般的，n 个用户需要 $n(n-1)/2$ 条信道，以地球 6 000 000 000 人口计算，则需要 177 000 000 000 条通信信道。建设如此海量通信信道的成本接近天文数字，显然是无法接受的。

为了解决上述问题，必须保证通话的信道是“公用”的，在发起通话的时候从公共资源中分配信道，若存在信道则进行通话并在通话过程中维持该信道“专用”，通话结束后释放信道以待“公用”。若发起通话的时候没有空闲的信道可以使用，该呼叫就不能建立，这种情况表明，公用的信道上发生了拥挤，出现了排队现象。

排队现象并不仅限于上述电话系统，许多系统的设计中都存在类似的问题。表 2.1 列举了一些排队现象。

表 2.1 所列举的不同服务系统具有共同的特征——排队现象。我们将这种具有排队等待现象的服务系统通称为排队系统。本书力图以最简单的语言建立和解释可用于设计与分析排队系统所需要的数学模型、解析方法与模拟工具，以介绍对排队现象的分析思路与方法。

表 2.1 排队现象举例

服务系统	公共资源	排队现象
电 话	交换机	呼叫等待
机 场	跑道	飞机等待起飞
火车售票处	售票员	售票大厅人满为患
加工车间	机床	待加工的产品
水库	闸门	水等待开闸
CPU	处理器	一级二级缓存非空
分组交换网	分组交换设备	交换设备缓冲区非空
因特网	路由器	IP 数据报在缓冲器等待传送

2.2 排队系统基本构成

各类服务系统，尽管形式和内容不同，其排队系统都是由顾客到达、在队列排队和服务员服务三部分组成(或又称为：输入过程(arrival process)、排队规则(queue discipline)和服务规则(service discipline))。典型排队系统如图 2.1 所示，这里使用的“顾客源”和“服务窗”要作广义理解。下面将分别给予介绍。

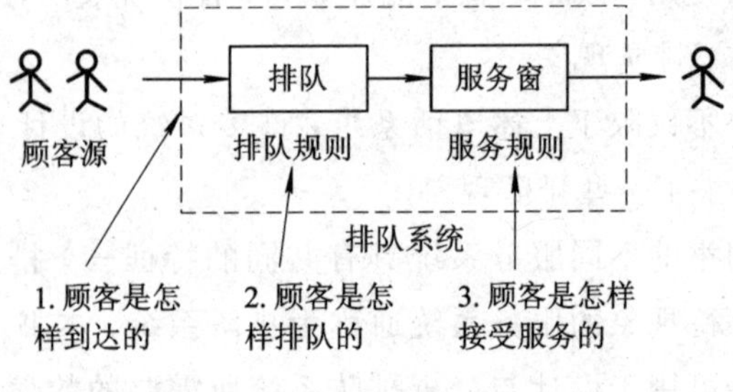

图 2.1 典型排队系统模型

习题

请指出表 2.1 中各个服务系统的顾客和服务员。

1. 输入过程

输入过程(或称为顾客到达)是指各类不同的“顾客”按什么规律进入系统，可以一个一个到达，也可以成批到达。这些顾客可能是待修的机器、医院的患者、打电话的用户、待传送的数据报等，它们都按一定的规律陆续到达系统，等待服务。到达过程和到达时间间隔符合一定的分布，称到达分布，通常假定到达过程和到达时间间隔为相互独立的且遵从同一分布的随机变量。到达过程通常假定为平稳的，或对时间是齐次的。

输入过程通常可以用如下的三种随机过程来描述，这三者的含义与各自的关系分别如表 2.2 和图 2.2 所示。

表 2.2　输入过程的三种随机过程描述

名　称	含　义
$\{M(t),\ t\geqslant 0\}$	$M(t)$表示在时间间隔$(0,\ t]$内到达排队系统的顾客人数
$\{s_n,\ n=1,\ 2,\ \cdots\}$	s_n表示第 n 个到达系统的顾客到达时刻
$\{\tau_n,\ n=1,\ 2,\ \cdots\}$	$\tau_n=s_n-s_{n-1}$，$s_0=0$，表示第 n 个顾客与其前一个顾客的到达时间间隔

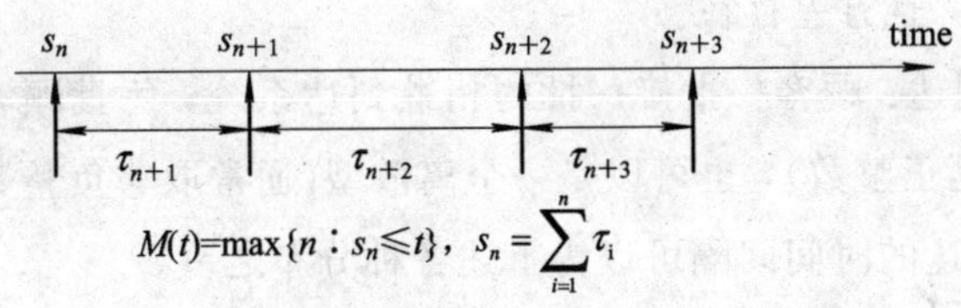

图 2.2　输入过程的三种随机过程示意图

为了便于研究，人们根据到达过程的不同概率特性将其分为如下几类，并给予不同的符号以示区别。

• 定长输入(D)：这种输入是指顾客规则的等间隔到达，即每隔时间 c 到达一个顾客，即 $\tau_n\equiv c$。显然 τ_n的分布函数为

$$F(t) = P(\tau_n \leqslant t) = \begin{cases} 1, & x \geqslant c \\ 0, & x < c \end{cases}$$

• Poisson 流输入(M)：系统的输入过程$\{M(t), t \geqslant 0\}$为 Poisson 流是指其满足如下四个条件：

① $M(t)$取值为非负整数，即为计数过程；

② $P(M(0)=0)=1$，即时间间隔为 0 时到达系统的人数为 0；

③ 对于任意的 $0 \leqslant a < t+a$，每一个增量 $M(a+t)-M(a)$非负，且服从参数为$\lambda t(\lambda \geqslant 0)$的泊松分布，即

$$P\{M(t+a) - M(a) = k\} = \frac{(\lambda t)^k}{k!} e^{-a\lambda} \qquad k = 0, 1, 2, \cdots$$

④ 过程$\{M(t), t \geqslant 0\}$具有平稳独立增量性。

• k 阶 Erlang[①] 输入(E_k)：顾客的到达过程$\{\tau_n, n=1, 2, \cdots\}$是独立同分布的随机变量序列，且 τ_n的概率密度函数为

$$f(t) = \begin{cases} \dfrac{\lambda(\lambda t)^{k-1}}{(k-1)!} e^{-\lambda t}, & t \geqslant 0 \\ 0, & t < 0 \end{cases}$$

其中，k 称为相位。

• 一般独立输入(G)：也称通用独立输入，顾客的到达过程$\{\tau_n, n=1, 2, \cdots\}$是独立同分布的非负随机变量序列，其分布函数可以为任意函数，但是其均值有限，且方差存在。

• 成批到达：顾客一批接一批的相继到达系统，每批顾客的个数可以是常数(通常是正整数)，也可以是一个离散型(通常取非负整数)随机变量，而各批相继到达的时间间隔可以为上述各种分布之一。

---

① 排队论的基本思想是 1910 年丹麦电话工程师 A. K. Erlang 在解决自动电话设计问题时开始形成的，当时称为话务理论。他在热力学统计平衡理论的启发下，成功地建立了电话统计平衡模型，并由此导出著名的埃尔朗电话损失率公式。自 20 世纪初以来，电话系统的设计一直在应用这个公式。原国际电报电话咨询委员会(CCITT)建议使用的国际通用的话务量单位叫做“埃尔朗(Erl)”，就是为了纪念话务理论的创始人 A. K. Erlang 而命名的。

习题

请结合实际生活，举出上述输入过程的例子。

2. 排队与服务规则

顾客进入排队系统后的排队规则通常有损失制、等待制和混合制三种。

- 损失制(无排队队列)：顾客到达时，所有服务台均被占用，则该顾客就离去，永不再来。例如电话系统就属于损失制，当一次呼叫不通，则此次呼叫作废，这次呼叫永远消失(注意：如果再次呼叫被认为与上次呼叫无关)。

- 排队制(等待制)：当顾客到达时，所有服务台均被占用，他们就排队等待服务，其排队方式有以下几种。

① 单服务台：

√ 先到先服务，例如数据结构中的队列；

√ 后到先服务，例如数据结构中的堆栈；

√ 随机服务，例如摇号抽奖；

√ 优先权服务，例如银行 VIP 会员。

② 多服务台：常见的是在每个服务台前排成一队或排成公共一队。当服务台有空时，按顺序进行服务。

- 混合制：可分为如下三种。

① 排队长度(队长)有限：当顾客到达时，若队长已等于规定长度时，顾客离去；若小于规定长度时，则排队。系统不存在超过队长的状态。如医院专家号挂号已满，就不再排队了。

② 等待时间有限：顾客在队中排队超过某个时间间隔时，则离去。例如医院血库的血浆、生物制剂等。

③ 逗留时间(等待时间与服务时间之和)有限，顾客在系统中的逗留时间不得超过确定的时间，例如药品的有效期。

习题

(1) 请结合实际生活，举出上述排队机制的例子(要求与本书所举的例子不同)。

(2) 试问在相同的服务速率下，四种服务方式(先到先服务、后到先服务、随机服务与优先权服务)的方差大小顺序如何，并给出直观的解释。

3. 服务机构

服务机构通常包括：服务员的个数、服务机构的结构形式(如串联、并联、混联或网络等结构形式)、服务过程等。

图 2.3 给出了单队列单服务员系统。

图 2.3 单队列单服务员系统

这个服务系统的服务方式是这样的。该系统的核心是一个服务员，它负责为顾客提供某种服务。从某顾客群体中到来的顾客来到这个系统要求服务。如果服务员空闲，顾客就立即得到服务，否则到达的顾客就进入等待队列。当服务员服务完一个顾客时，该顾客就离开服务系统。如果等待队列中有顾客，那么一个顾客就被交给服务员。

图 2.4 给出了上述单服务员模型推广到多服务员模型的情形。

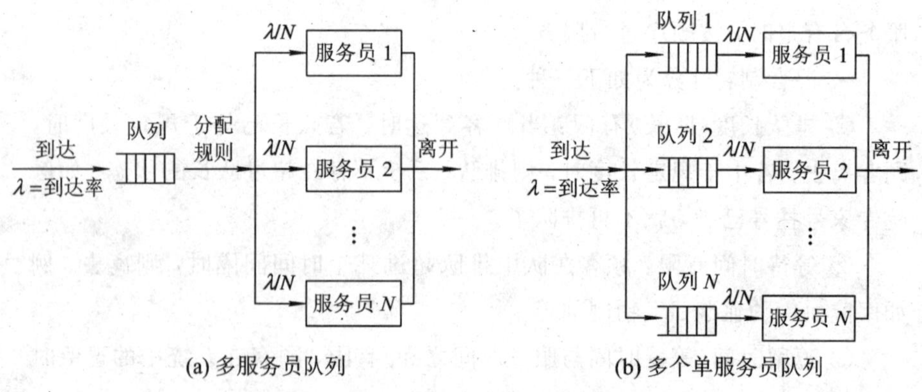

图 2.4 多服务员队列与多个单服务员队列

图 2.4(a)中，这些服务员共享一个队列。如果一个顾客到达而至少有一个服务员是空闲的，则这个顾客就立即被交给服务员。假设所有服务员都是相同的；因而如果有多于一个服务员是空闲的，那么选择哪个服务员

为顾客服务都是一样的。如果顾客到达时所有服务员都忙，那么就开始形成队列。一旦一个服务员为其顾客服务完毕而变成空闲，则队列里的一个顾客就被按照起作用的服务规则从队列里面取出交给该服务员。

图2.4(b)是一个多个单服务员队列的结构，可以和图2.4(a)中多服务员单队列结构进行对比。在后续的章节中我们可以看到，这种很小的结构上的变化，对于性能却有重大的影响。

若以 v_n 表示到达系统的第 n 个顾客在系统中接受服务的时间，则 $\{v_n, n=1, 2, \cdots\}$ 称为服务过程，可分为如下几类：

- 定长服务分布(D)：每个顾客接受服务的时间为正常数 c，其分布函数为

$$F(t) = P(v_n \leqslant t) = \begin{cases} 1, & x \geqslant c \\ 0, & x < c \end{cases}$$

- 负指数服务分布(M)①：此时每个顾客的服务时间 $v_1, v_2, \cdots, v_n, \cdots$ 相互独立，并具有相同的负指数分布，其分布函数为

$$F(t) = P(v_n \leqslant t) = 1 - \mathrm{e}^{-\mu x}, \quad t \geqslant 0, \mu > 0$$

- k 阶 Erlang 服务分布(E_k)：此时每个顾客的服务时间 $v_1, v_2, \cdots, v_n, \cdots$ 相互独立，并有相同的 k 阶 Erlang 分布，其分布函数为

$$F(t) = 1 - \mathrm{e}^{-k\mu t}\left(1 + \frac{k\mu t}{1!} + \frac{(k\mu t)^2}{2!} + \cdots + \frac{(k\mu t)^{k-1}}{(k-1)!}\right), t \geqslant 0, \mu > 0$$

- 一般独立服务分布(G)：也称通用独立服务分布，所有顾客接受服务的时间是独立同分布的非负随机变量序列，其分布函数可以为任意函数，但是其均值有限，且方差存在。

习题

请结合实际生活，举出上述服务机制的例子。

---

① 负指数分布的特点：

✓ 服务开始后，服务结束得较快的概率很大；服务时间很长的概率很小；

✓ 顾客已经被服务一段时间后，还将继续服务的时间与已服务的时间无关。

2.3 排队系统的分类与符号

由于各类排队现象所处的环境及研究的问题各不相同，其结构、排队与服务规则有很大的差异，因而人们无法也不可能将其抽象成一个统一的模式来加以研究，因此，只好根据各种排队现象的特征，将其分门别类后再加以研究。考虑到排队系统通常可以由如下七个特征来决定：

(1) 顾客的输入过程。

(2) 对顾客的服务过程。

(3) 服务员的个数。

(4) 系统容量(系统内所能允许进入的最大顾客数)。

(5) 顾客源的个数。

(6) 服务规则。

(7) 服务机构的结构形式。

于是人们就根据这些特征来划分排队模型。目前通用的是 1953 年英国数学家 D. G. 肯达尔提出的“肯达尔模型”，我们称之为经典排队模型。该模型由 A/B/C/D/E/F 组成，各个符号的含义如图 2.5 所示。

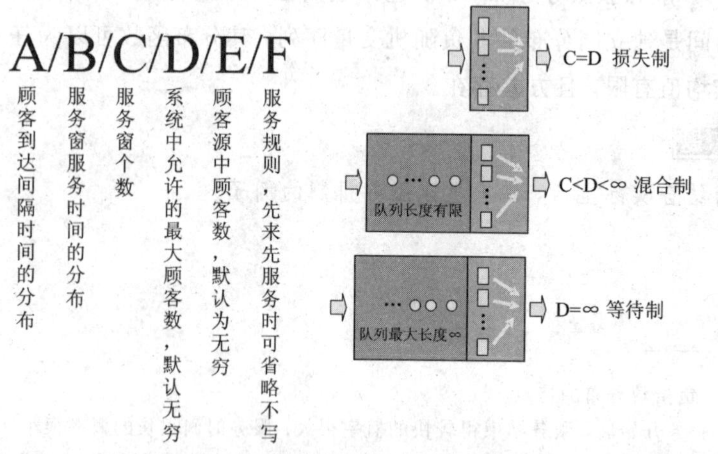

图 2.5 排队模型—肯达尔记号

例 2.1　M/M/c/k 排队系统，其含义为：该系统的输入过程$\{M(t), t\geqslant 0\}$为Poisson 流，因而其顾客源的个数为∞；对每个顾客的服务时间$\{v_n, n=1, 2, \cdots\}$为独立同负指数分布；c 个服务员；系统容量为 $k(k\geqslant 1)$；顾客进入系统后排成一列，按照先来先服务的原则，由 c 个服务员并行服务。

例 2.2　$G/E_3/2/\infty$排队系统，其含义为：该系统的输入过程$\{\tau_n, n=1, 2, \cdots\}$为一般独立输入；对每个顾客的服务时间$\{v_n, n=1, 2, \cdots\}$为独立同分布，其分布函数为 3 级 Erlang 分布；2 个服务员；系统容量为∞；顾客进入系统后排成一列，按照先来先服务的原则，由 2 个服务员并行服务；顾客源的个数为无限。

习题

我校的交互英语多媒体教室能为学生提供网上自主学习的服务，试考虑应该用何种排队论模型来描述，并写出符号表示。

2.4　排队系统的特性指标

由于每个特定的排队系统本质上是一个物理系统，故排队系统的分析可采用一般物理系统(如电路系统，机械系统等)的常用分析思路，通常可以分为瞬态分析与稳态分析两部分。

1. 瞬态特性指标

在每一个排队系统中，对于任一时刻 t 的队长(系统内的顾客总数，包括排队等待服务的顾客数目加接受服务的顾客数目)、等待队长(系统内排队等待服务的顾客数目)以及每一个顾客在系统中的等待时间、逗留时间(等待时间加接受服务时间)和服务机构的忙期长度等，无论是顾客还是系统管理人员都是极为关心的。由于上述系统特性指标绝大多数是随机变量或者随机过程，因此人们往往关心它们的概率分布特性与期望特性。具体说来在排队系统的瞬态分析中，人们关心的系统特性指标及其符号如表 2.3 所示。

表 2.3　排队论的瞬态特性指标

$N(t)$	t 时刻系统的队长(总顾客数)
$N_W(t)$	t 时刻系统的等待队长(顾客排队的人数)
$N_S(t)$	t 时刻系统忙的服务员个数(接受服务的顾客数目)
$P_j(t)=P(N(t)=j)$	t 时刻系统队长为 j 的概率
$L(t)=E(N(t))$	t 时刻系统的平均队长
$L_w(t)=E(N_W(t))$	t 时刻系统的平均等待队长
$L_s(t)=E(N_s(t))$	t 时刻系统忙的服务员平均个数
$T_{WS}(t)$	t 时刻到达系统的顾客在系统中的逗留时间
$T_W(t)$	t 时刻到达系统的顾客在系统中的等待时间(排队时间)
$T_S(t)$	t 时刻到达系统的顾客在系统中接受服务时间
$T_{ws}(t)$	t 时刻到达系统的顾客在系统中的平均逗留时间
$T_w(t)$	t 时刻到达系统的顾客在系统中的平均等待时间(排队平均时间)
$T_s(t)$	t 时刻到达系统的顾客在系统中接受服务平均时间

由表 2.3 可得出

$$N(t) = N_W(t) + N_S(t)$$
$$L(t) = L_w(t) + L_s(t)$$
$$T_{WS}(t) = T_W(t) + T_S(t)$$
$$T_{ws}(t) = T_w(t) + T_s(t)$$

习题

请思考表 2.3 中函数 E 的含义，给出两种时间特性指标描述的对应关系。

2. 稳态特性指标

一个排队系统，在其运行的初始阶段，各个特性指标和 t 有密切的关系，而且一般来说受初始条件的影响都比较显著，这一工作阶段称为系统运行的过渡阶段(瞬态阶段)。但在经过足够长的运行时间后，一些系统的工作状态渐趋稳定，从而使上述特性指标不再和时间 t 有关，受初始条件的影响也显得不那么重要了。此时，我们称该排队系统已由过渡阶段进入平稳状态(或统计平衡状态阶段)。

稳态分析较之瞬态分析要容易得多(在第 3 章大家将会看到)，故它是本章介绍的重点。具体说来在排队系统的稳态分析中，人们关心的系统特性指标及其符号如表 2.4 所示。

表 2.4　排队论的稳态特性指标

符号	含义
N	系统队长(总顾客数)
N_W	系统的等待队长(顾客排队的人数)
N_S	系统忙的服务员个数(接受服务的顾客数目)
$P_j=P(N=j)$	系统队长为 j 的概率
$L=E(N)$	系统的平均队长
$L_w=E(N_W)$	系统的平均等待队长
$L_s=E(N_S)$	系统忙的服务员平均个数
T_{WS}	到达系统的任一顾客在系统中的逗留时间
T_W	到达系统的任一顾客在系统中的等待时间(排队时间)
T_S	到达系统的任一顾客在系统中接受服务时间
T_{ws}	到达系统的任一顾客在系统中的平均逗留时间
T_w	到达系统的任一顾客在系统中的平均等待时间(排队平均时间)
T_s	到达系统的任一顾客在系统中接受服务平均时间
A	绝对通过能力：单位时间内被服务完顾客的均值
Q	相对通过能力：单位时间内被服务完顾客数与请求顾客数之比值
$P_{损}$	系统的损失概率，即系统满员的概率

由表 2.4 可得出

$$L = L_w + L_s$$

$$T_{ws} = T_w + T_s$$

当平稳状态存在时，系统的瞬态特性指标与稳态特性指标存在如下关系

$$\lim_{t\to\infty} P_j(t) = P(N(t) = j) = P(N = j) = P_j$$

$$\lim_{t\to\infty} L(t) = L$$

$$\lim_{t\to\infty} L_w(t) = L_w$$

$$\lim_{t\to\infty} T_{WS}(t) = T_{WS}$$

$$\lim_{t\to\infty} T_w(t) = T_w$$

图 2.6 以单服务员为例，对稳态特性指标进行了图示。

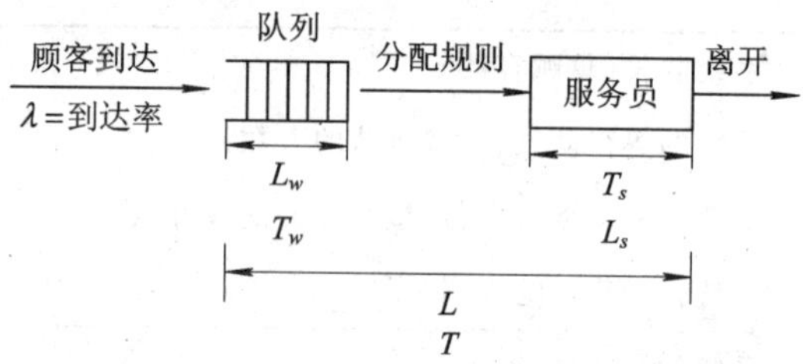

图 2.6 单服务员队列稳态指标

2.5 Little 公式概要

在进行排队分析时，必须经常做一些假设以简化问题，而这种假设有可能使排队分析的结果与实际情形相差较大甚至失败。但实践表明，在很多情况下，通过假设所得到的结果对于计算机网络和计算机系统的规划和设计而言是足够精确的。

对一个排队系统，一般假定满足以下三个条件：

(1) 排队系统能够进入统计平衡状态；

(2) 服务员的忙期与闲期交替出现，即系统不是总处于忙的状态；

(3) 系统中任一顾客不会永远等待，系统也不会永无顾客到达。

在上述假设成立时，Little 公式 (李特尔，John D. C. Little)成立，如下所示：

$$L = \lambda T$$

$$L_w = \lambda_w T_w$$

$$L_s = \lambda_s T_s$$

该公式关心的只是排队系统的三个统计平均量，对顾客到达的间隔时间和服务时间的分布以及排队规则不作任何要求。但值得注意的是，Little 公式中的三个统计平均量必须是针对同一顾客群而言。

该公式是由 Little 首先发现并给出有关假设条件及证明的。自 Little 的论文发表后，许多排队论学者从各种不同的角度给出了上述公式成立的条件及证明。然而考虑到这些证明比较冗长复杂，而且有些证明还存在争议，因此，下面只对 L 与 T 给出一个直观解释。

当一个顾客到达时，它会发现在它前面排队等待以及系统中正在接受服务的顾客有 L 个。当它被服务完毕并离开系统时，在系统中排队和接受服务的顾客也有 L 个。这与系统中平均顾客数 L 是一致的。另外，已知这个顾客在系统中平均花费的时间是 T，且顾客到达速率是 λ，所以在时间 T 内共有 λT 个顾客到达。这应该等于这个顾客接受完服务并离开系统时系统中等待及正在接受服务的顾客数 L。因此，$L=\lambda T$。如图 2.7 所示。

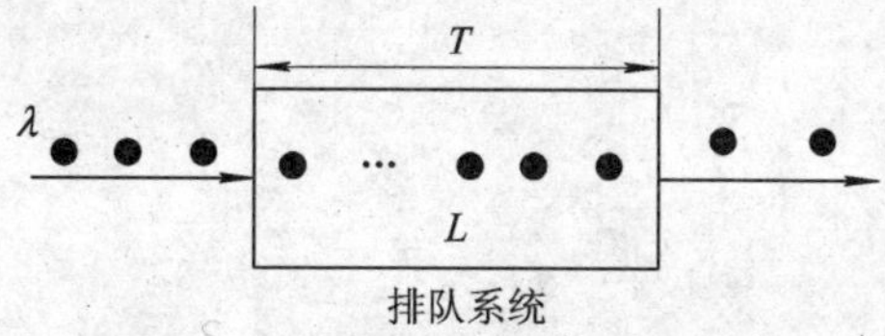

图 2.7　Little 公式直观解释

Little 公式的重要意义在于，它给出了很多排队系统中人们所关心的四个数量指标 L、L_w、T_{ws}、T_w之间的有机联系，注意到如下等式成立。

$$L = L_w + L_s$$

$$T_{ws} = T_w + T_s$$

因此，综合上述两式和 Little 公式不难发现，只要求得 L_s或者 T_s，再知道 L、L_w、T_{ws}、T_w四个数量指标中的任意一个，其它三个就可以立即求得，这大大方便了很多排队系统的求解。通常 T_{ws}、T_w比较容易从实际统计中获得，而 L、L_w比较容易从理论中获得。

习题

(1) 请给出 Little 公式对排队等待与接受服务两个统计平均量的证明(请参考直观解释)。

(2) 请思考 Little 公式中的 λ，对三个不同的统计平均量，都等于单位时间到达系统的人数吗？为什么？

(3) 一个没有等待位置的机房，通过统计得到平均每小时有 30 位同学离开，平均上机时间为 60 分钟，请问平均上机人数(提示：利用 Little 公式)。

第 3 章　Poisson 排队系统解析与模拟方法

一个排队系统，若其输入过程为 Poisson 流，服务时间服从负指数分布，则称其为 Poisson 排队系统。本章主要介绍 Poisson 排队系统的几种基本分析与模拟方法。

3.1　M/M/1/1 古典解析法

本小节分析 M/M/1/1 排队系统，先对该系统的瞬态特性进行推导，然后由瞬态特性得到系统的稳态特性，采用的方法包括微分方程和概率论。

M/M/1/1 排队系统，其含义为：

(1) 系统的输入过程$\{M(t), t\geqslant 0\}$为 Poisson 流，平均到达速率为λ(单位时间内的顾客数，$\lambda > 0$)，其顾客源的个数为∞。

(2) 对每个顾客的服务时间$\{v_n, n=1, 2, \cdots\}$相互独立并且都服从负指数分布，平均服务时间为$E(v_n)=1/\mu$，其中$\mu > 0$，表示单位时间内服务完的平均顾客数目。

(3) 1 个服务员。

(4) 系统容量为 1。因而当一个顾客正在接受服务时，若有其它顾客到达系统，则由于系统容量的限制，这些到达的顾客将不能进入系统；而一个顾客若能进入系统(即顾客到达系统的时候，系统内没有其它顾客)，必定可以立即接受服务。

(5) 通常，还假设到达过程$\{M(t),\ t\geqslant 0\}$与服务过程$\{v_n,\ n=1,\ 2,\ \cdots\}$相互独立。

1. 瞬态特性分析

遵从第 2 章的符号设定，设 $N(t)$表示 t 时刻系统的队长(即总顾客数)。由于 M/M/1/1 排队系统的系统容量为 1，因而随机过程$\{N(t),\ t\geqslant 0\}$的取值只能是 0 或 1，计作 $I=\{0,\ 1\}$。令系统在时刻 t 处于状态 i，$i\in I$，其概率记为

$$P\{N(t)=i\}=P_i(t)$$

记状态 i 经过时间 Δt 变化为时刻 $t+\Delta t$ 的状态 j，$j\in I$，其转移概率为

$$P\{N(t+\Delta t)=j\mid N(t)=i\}=P_{ij}(t,\ t+\Delta t)$$

则由全概率公式知

$$P_0(t+\Delta t)=P_0(t)P_{00}(t,\ t+\Delta t)+P_1(t)P_{10}(t,\ t+\Delta t) \quad (3.1)$$

即系统在时刻 $t+\Delta t$ 处于状态 0 时，可能有两种情况：(1) 系统在时刻 t 处于状态 0，经过时间 Δt 后依然处于状态 0；(2) 系统在时刻 t 处于状态 1，经过时间 Δt 后变化为状态 0。下面来计算转移概率 $P_{00}(t,\ t+\Delta t)$。

由于在 $N(t)=0$ 的条件下，$N(t+\Delta t)=0$ 这一事件可分解为下述两个互斥事件之和：

(1) 在时间间隔$(t,\ t+\Delta t)$内没有顾客到达；

(2) 在时间间隔$(t,\ t+\Delta t)$内，至少有一名顾客到达并且进入系统$(M(t,\ t+\Delta t)>0)$，与此同时，系统至少服务完一个顾客$(V(t,\ t+\Delta t)>0)$，且到达并进入系统的顾客数与被服务完的顾客数相同，从而有 $N(t+\Delta t)=0$。

由于输入过程为 Poisson 流，由前面章节的知识容易得到情况(1)的概率为

$$P_1=P\{M(t,\ t+\Delta t)=0\}=\mathrm{e}^{-\lambda\Delta t}=1-\lambda\Delta t+o(\Delta t)$$

而情况(2)的概率可从其描述得到

$$P_2=P\{M(t,\ t+\Delta t)>0,\ V(t,\ t+\Delta t)>0,\ N(t+\Delta t)=0\mid N(t)=0\}$$

并且根据 M/M/1/1 排队系统的五个特性，该概率可分解为如下 3 个概率

的乘积，并计算如下①

$$P\{M(t, t+\Delta t)>0 \mid N(t)=0\} \times P\{V(t, t+\Delta t)$$
$$>0 \mid M(t, t+\Delta t)>0, N(t)=0\}$$
$$\times P\{N(t+\Delta t)=0 \mid V(t, t+\Delta t)>0, M(t, t+\Delta t)>0, N(t)=0\}$$
$$\leqslant P\{M(t, t+\Delta t)>0 \mid N(t)=0\}$$
$$\times P\{V(t, t+\Delta t)>0 \mid M(t, t+\Delta t)>0, N(t)=0\}$$
$$=(1-e^{-\lambda\Delta t})(1-e^{-\lambda\Delta t})=o(\Delta t)$$

于是有

$$P_{00}(t, t+\Delta t)=P_1+P_2=1-\lambda\Delta t+o(\Delta t)$$

对于转移概率 $P_{10}(t, t+\Delta t)$，可采用类似的方法计算。考虑到在 $N(t)=1$ 的条件下，$N(t+\Delta t)=0$ 这一事件可分解为下述两个互斥事件之和：

(1) 在时间间隔 $(t, t+\Delta t)$ 内没有顾客到达，但是却服务完一个顾客；

(2) 在时间间隔 $(t, t+\Delta t)$ 内至少有一名顾客到达并且进入系统 $(M(t, t+\Delta t)>0)$，与此同时，系统至少服务完两个顾客 $(V(t, t+\Delta t)=2)$，且到达并进入系统的顾客数比被服务完的顾客数多一人，从而有 $N(t+\Delta t)=0$。

由于输入过程为 Poisson 流，服务过程服从负指数分布，由第 2 章的知识容易得到情况(1)的概率为

$$P_3=P\{M(t, t+\Delta t)=0,$$
$$V(t, t+\Delta t)=1\}=e^{-\lambda\Delta t}(1-e^{-\mu\Delta t})=\mu\Delta t+o(\Delta t)$$

而情况(2)的概率可求得

$$P_4=P\{M(t, t+\Delta t)>0, V(t, t+\Delta t)>1, N(t+\Delta t)=0 \mid N(t)=1\}$$
$$=P\{V(t, t+\Delta t)>1 \mid N(t)=1\}$$
$$\times P\{M(t, t+\Delta t)>0, N(t, t+\Delta t)=0 \mid V(t, t+\Delta t)>1, N(t)=1\}$$
$$\leqslant P\{V(t, t+\Delta t)>1 \mid N(t)=1\}$$
$$=o(\Delta t)$$

① 思考题：在情况(2)的计算过程中，为什么要对概率进行缩小？为什么能够缩小？

于是有

$$P_{10}(t,\ t+\Delta t) = P_3 + P_4 = \mu\Delta t + o(\Delta t)$$

则公式(3.1)可计算如下

$$\begin{aligned} P_0(t+\Delta t) &= P_0(t)P_{00}(t,\ t+\Delta t) + P_1(t)P_{10}(t,\ t+\Delta t) \\ &= P_0(t)\ (1-\lambda\Delta t + o(\Delta t)) + P_1(t)(\mu\Delta t + o(\Delta t)) \\ &= P_0(t)\ (1-\lambda\Delta t) + P_1(t)\mu\Delta t + o(\Delta t) \end{aligned}$$

从而有

$$\frac{\mathrm{d}P_0(t)}{\mathrm{d}t} = -\lambda P_0(t) + \mu P_1(t) \tag{3.2}$$

类似地有

$$\begin{aligned} P_1(t+\Delta t) &= P_0(t)P_{01}(t,\ t+\Delta t) + P_1(t)P_{11}(t,\ t+\Delta t) \\ &= P_0(t)\lambda\Delta t + P_1(t)(1-\mu\Delta t) + o(\Delta t) \end{aligned}$$

整理得

$$\frac{\mathrm{d}P_1(t)}{\mathrm{d}t} = \lambda P_0(t) - \mu P_1(t) \tag{3.3}$$

如果该系统初始时刻空闲(即在 0 时刻系统内的人数恒为 0，合理假设)，则有

$$P(N(t)=0) = P_0(0) = 1 \tag{3.4}$$

现在联立式(3.2)、式(3.3)和式(3.4)，容易求得瞬态概率①

$$P_0(t) = \frac{1}{\lambda+\mu}[\mu + \lambda \mathrm{e}^{-(\lambda+\mu)t}]$$

$$P_1(t) = \frac{\lambda}{\lambda+\mu}[1 - \mathrm{e}^{-(\lambda+\mu)t}]$$

t 时刻系统的平均队长(即总顾客数)$L(t)$为

$$L(t) = E[N(t)] = \frac{\lambda}{\lambda+\mu}[1 - \mathrm{e}^{-(\lambda+\mu)t}]$$

注意到该系统的容量为 1，顾客如果能够进入系统，必可立即接受服务。因

① (3.2)，(3.3)，(3.4)联立方程组称为常微分方程组，(3.4)式为微分方程组的边界条件，具体求法请参考高等数学。

此，对任意时刻 t，系统的平均等待队长(即排队等候人数) $L_w(t)=0$，而每个进入系统的顾客平均等待时间 $T_w(t)=0$。至于 t 时刻进入系统的每一个顾客，其平均逗留时间为

$$T_{us}(t) = E(v_n) = \frac{1}{\mu}$$

习题

(1) 请指出“如果该系统初始时刻空闲(即在 0 时刻系统内的人数恒为 0，合理假设)”这句话的实际应用场景。

(2) 若系统初始时刻非空，请指出其应用场景，并求出 M/M/1/1 的 $P_0(t)$，$P_1(t)$ 与 $L(t)$。

2. 稳态特性分析

在第 2 章中已经指出当系统经过足够长的运行时间后进入平稳状态(或统计平衡状态阶段)时的状态概率以及系统的其它数量指标，下面列举了 M/M/1/1 系统的各个数量指标：

$$P_0 = \lim_{t\to\infty} P_0(t) = \frac{\mu}{\mu+\lambda}$$

$$P_1 = \lim_{t\to\infty} P_1(t) = \frac{\lambda}{\mu+\lambda}$$

$$L = \lim_{t\to\infty} L(t) = \frac{\lambda}{\mu+\lambda}$$

$$T_{us} = \lim_{t\to\infty} T_{us}(t) = \frac{1}{\mu}$$

$$L_w = \lim_{t\to\infty} L_w(t) = 0$$

$$T_w = \lim_{t\to\infty} T_w(t) = 0$$

并且系统的有效到达率

$$\lambda_{有效} = \frac{L}{T_{us}} = \frac{\lambda\mu}{\lambda+\mu} = \lambda P_0$$

此处 P_0 可看做系统空闲的概率，λ 为单位时间到达系统的平均顾客数，$\lambda_{有效}$ 可看做单位时间到达并进入系统的平均顾客数，通常称为有效到达率。

习题

请再次思考 Little 公式中的 λ，对三个不同的统计平均量，应该分别是多少？

3.2 M/M/1/1 近代解析法

上一节采用的微分方程与概率论的方法是解决排队论的古典解析方法，该方法不仅能对 M/M/1/1 系统进行分析，而且能够对其它排队系统进行分析。该方法的基本思路在于：在瞬态特性分析的过程中进行概率计算，然后求解微分方程组。对于简单 Poisson 排队系统，这种方法是适合的。但是，在计算机系统、通信系统、交通运输系统以及军事作战的系统中，出现了和前述系统明显不同的各类排队现象，例如优先权排队系统、串并联或网络结构的排队系统、有效等待时间排队系统、有限源排队系统及各种带反馈的排队系统等。要想采用古典解析方法以获得这些系统的瞬时状态概率是相对比较困难的。因此在求解实际问题时，如果能够确认该系统统计平衡状态存在或者存在的条件，则可以直接去求解该系统在统计平衡状态下的状态概率以及相关的特性指标，而不再求解瞬态特性。为了使读者掌握这类方法，本小节以 M/M/1/1 为例，介绍直接求解稳态特性的近代解析方法——生灭过程法(如果不加以严格的区分，也有人称之为 Markov 过程法)。

1. 把排队过程看做生灭过程

依然遵从第 2 章的符号设定，设 $N(t)$表示 t 时刻系统的队长(总顾客数)。系统容量为 1，即单个服务窗无排队，故 $N(t)$只能有两种可能状态：0(服务窗空闲)以及 1(服务窗忙)，并且系统只能在这两个状态之间变化，要么从 0 增加到 1(生)，要么从 1 减少到 0(灭)，如图 3.1 所示。

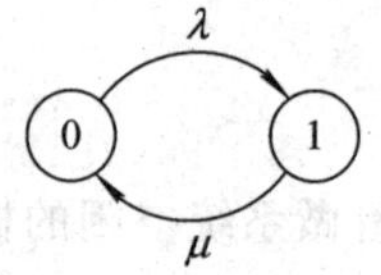

图 3.1 M/M/1/1 排队模型的状态流图

因为系统仅有两个互通的状态，

故必存在平稳分布，即系统一定能够到达统计平衡状态。考虑系统到达统计平衡状态时，每个状态的流入量等于流出量，因此可以列出统计平衡状态下的流量方程①，如表 3.1 所示。

表 3.1　各个状态概率守恒

名称	流出＝流入
状态 0	$\lambda P_0=\mu P_1$
状态 1	$\mu P_1=\lambda P_0$

其中，P_0 为系统处于状态 0 的概率，P_1 为系统处于状态 1 的概率，且有

$$P_0+P_1=1$$

该式也称为概率归一化条件，即系统处于每个状态的概率之和为 1。

2. 由生灭过程求概率分布

事实上，由表 3.1 可以得到 $P_1=(\lambda/\mu)P_0$，将其代入归一化条件，可以求得 M/M/1/1 排队系统的状态分布，如表 3.2 所示。

表 3.2　M/M/1/1 排队系统统计平衡下的概率分布

状　态	概　　率
0	$\dfrac{\mu}{\lambda+\mu}=\dfrac{1}{1+\rho}$
1	$\dfrac{\lambda}{\lambda+\mu}=\dfrac{\rho}{1+\rho}$

其中 $\rho=\lambda/\mu$，表示系统负荷水平或者强度。

3. 由状态分布求系统中平均顾客数量

表 3.2 所描述的就是在统计平衡状态下，系统内有 0 个人的概率与系统内有 1 个人的概率，显然系统中平均顾客数量即为其数学期望——均值，因此有

① 该流量方程是概率意义上的，亦称概率守恒原理。

$$L = E(N) = 0 \times \frac{1}{1+\rho} + 1 \times \frac{\rho}{1+\rho} = \frac{\lambda}{\lambda+\mu}$$

这与上一节求得的结果是一致的。

注意到当系统中已经有一个顾客的时候，新来的顾客只能离去，因此 P_1 就是系统的损失概率 $P_{损}$，即

$$P_{损} = P_1 = 1 - P_0 = \frac{\lambda}{\lambda+\mu}$$

单位时间内真正进入系统的顾客速率为

$$\lambda_{有效} = \lambda P_0$$

单位时间内到达系统但是因为系统内有人而离开的速率为

$$\lambda_{损} = \lambda P_1$$

显然有

$$\lambda_{有效} + \lambda_{损} = \lambda$$

从而

$$A = \lambda P_0 = \lambda_{有效}$$

$$Q = \frac{A}{\lambda} = P_0$$

习题

设某条电话线，平均每分钟有 0.6 次呼叫，若每次通话时间平均为 1.25 分钟，求系统的绝对通过能力、相对通过能力以及呼唤不能接通的百分比。

3.3 Java Modelling Tools 模拟法

Java Modelling Tools(以下简称 JMT)是基于排队论对系统模型进行性能分析的有效工具，于 2002 年开始开发，经过长达七年多的时间，于 2009 年 2 月完成 JMT v.0.7.4 版本，现已成为面向科研、教学与应用的开源软件。本小节以 M/M/1/1 为例，介绍如何利用 JMT 进行模拟仿真。

1. JMT 安装与运行

JMT 在单机上即可运行，与运行平台以及操作系统无关。按照如下方法即可在宿舍等环境中简单容易地搭建实验环境。首先，安装 Java J2SE SDK 1.4 或者后续版本，安装文件可从 http：//java. sun. com/j2se/处获得；然后安装 IzPack 软件，免费的版本可从 http：//www. izforge. com/izpack/处下载；设置好 Java 的相关路径和参数；然后安装 JMT 文件①。

安装完毕后运行 JMT，出现如图 3.2 所示界面，其中包括 JMT 的简单说明，以及六个模拟工具的名称、相互关系与选择界面。

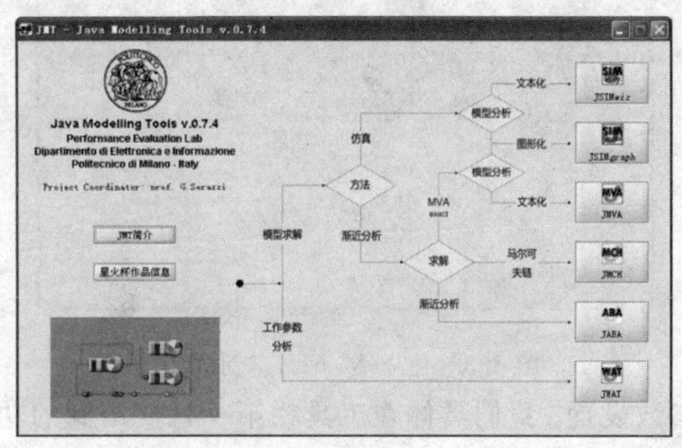

图 3.2　JMT 模拟工具选择界面

其中六个模拟工具的名称与功能如表 3.3 所示。

表 3.3　JMT 模拟工具

工具名称	功　能
JSIMgraph	图形界面的排队论模拟器
JSIMwiz	字符界面的排队论模拟器
JMVA	排队论模型的均值分析工具
JABA	排队论模型的渐进分析工具
JWAT	负载分析工具
JMCH	马尔可夫链的动态演示模拟器

① JMT 相关文件可与编者联系获取。

2. 采用 JSIMgraph 模拟 M/M/1/1

首先进入界面后，在菜单栏中的文件下拉菜单中点击创建一个新项目。此时界面会初始化。现在我们建立一个 M/M/1/1 的排队模型，过程如下：

(1) 使用工具栏第二排提供的功能。选择 Source、Queue、Sink，并用连线将它们连起来。这样我们的模型就初步画好了，如图 3.3 所示。

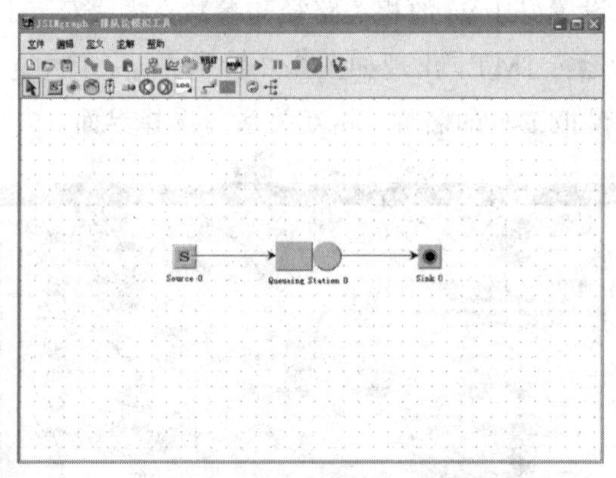

图 3.3　建立 M/M/1/1 示意图

(2) 进行参数设置。我们具体在工具栏第一行使用到的功能有，类特性设定、定义分析变量、定义并调整分析参量、What-if 设置，如图 3.4 所示位置。

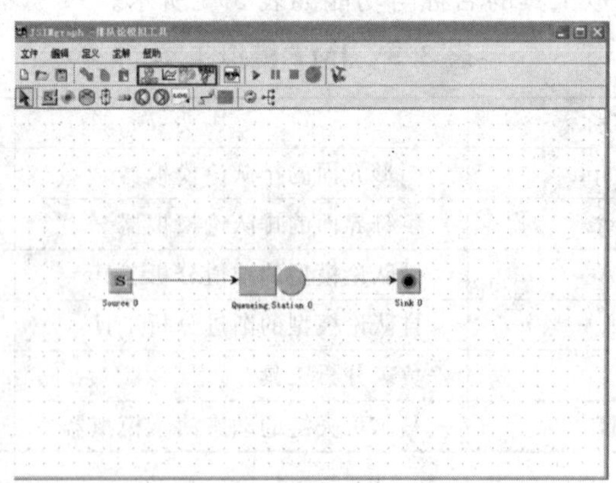

图 3.4　参数设定按钮位置

(3) 查看 Class 特性编辑界面。打开图标为 Class 的按钮，也就是类特性设定功能按钮，可以看到其编辑界面如图 3.5 所示。在左上角添加类按钮，这是执行添加数据类功能按钮。在 JMT 中每一组分析实际上都是以一个类的形式存在，其中包括数据以及对数据进行的操作。建立之后，在每个类之后都有不同的选项，点击 Edit 后可对分布函数相关参数进行配置，在此模型中可理解为到达分布。完成这些设置，关闭窗口回到主界面。

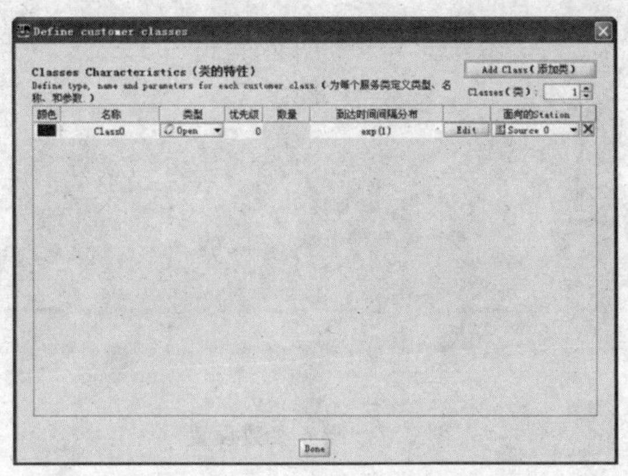

图 3.5　Class 特性编辑界面

(4) 点击 Edit 后出现如图 3.6 所示设置，可以对分布类型和相关参数进行设置。注意此处为到达时间间隔的分布。

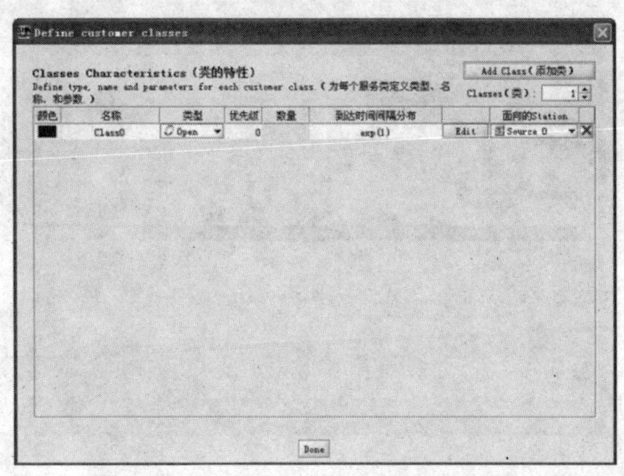

图 3.6　到达时间间隔设置

(5) 设置服务速率相关参数。双击要设置的 Queueing Station，出现如图 3.7 所示界面，可以更改排队规则和队列容量。本例中，选择有限队列，最大顾客数为 1。

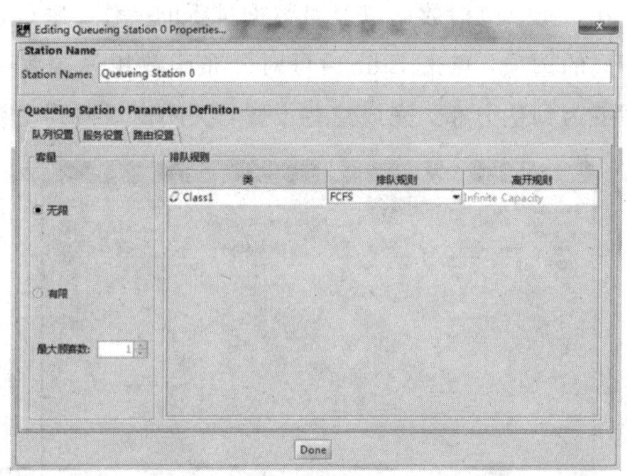

图 3.7　服务参数设置

(6) 点击服务设置，出现图 3.8 所示界面。点击编辑，将出现类似于设置顾客到达速率的界面，对服务速率进行设置。至于没有提到的其它设置，此处暂时先不予讨论，有兴趣的读者可以自行更改研究。

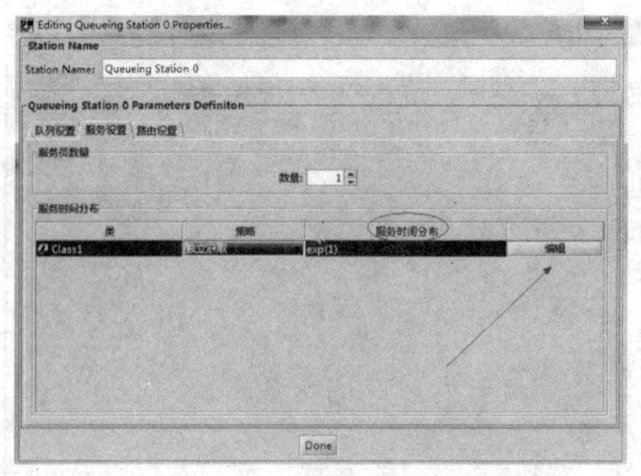

图 3.8　服务时间分布设置

(7) 打开定义分析变量按钮，可以看到如图 3.9 所示界面。同样是在右上角，可以选择要增加的项目以及项目类型。以 Queue Length 和 Queue Time 为例，在产生的参量中可以编辑他们要描述的类、模块，并且能够调整他们分析的置信区间与最小相对误差，如图 3.10 所示。完成后我们关闭窗口回到主页面。

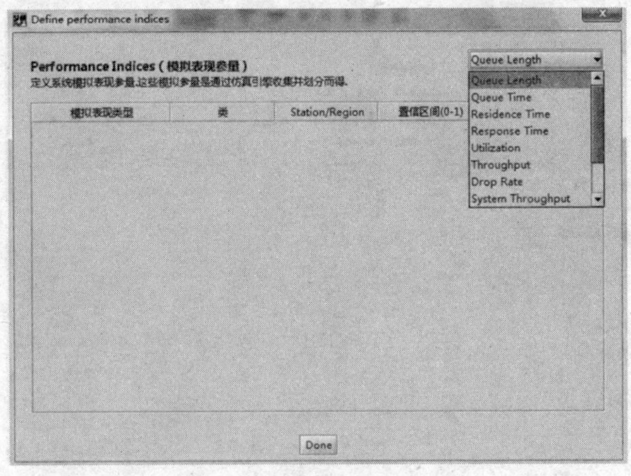

图 3.9　添加分析变量界面

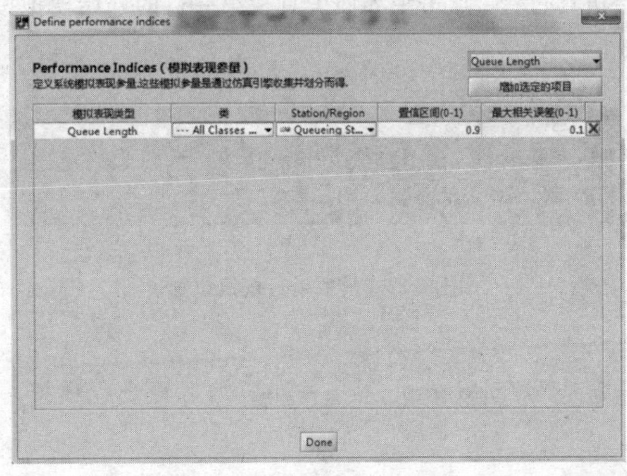

图 3.10　定义分析变量界面

(8) 我们打开仿真参量设置，如图 3.11 所示，在界面中可以看到上方有 4 个可输入数据的栏目。这是对仿真的 seed 与样本参数进行设置的项目。下方则是一个关于类关联设置的矩阵，“0”表示无关联，“1”表示有关联。完成设置后我们退回主界面。注：What-if 在这个模型中是不需要设置的，略去。

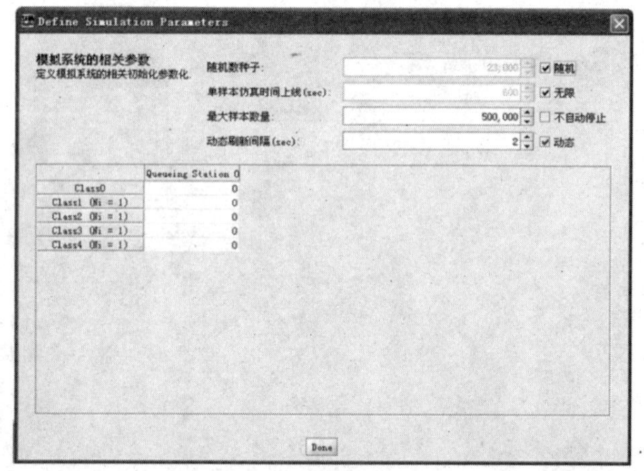

图 3.11 模拟参量设置界面

(9) 开始仿真过程。点击主界面工具栏第一行的开始模拟按钮，结果如图 3.12 所示。

图 3.12 模拟运行按钮位置

习题

(1) 请分别采用 JSIMgraph 对上一小节的习题进行模拟，并与解析结果进行比较。

(2) 请思考 JMT 中 Queue Length 与 Queue Time 的含义。

第 4 章　单服务窗 Poisson 排队模型扩展

本章讨论单服务窗 Poisson 排队系统模型 M/M/1 及其扩展，即系统的输入过程为 Poisson 流，服务时间服从负指数分布，只设有一个服务窗。对这种最简单的排队模型，我们将利用上一章介绍的近代解析法与模拟法，求出系统的稳态特性指标。

4.1　单服务窗排队制 M/M/1/23 模型

本小节分析单服务窗等待制 M/M/1/23 排队系统（以下简称 M/M/1/23），M/M/1/23 排队系统如图 4.1 所示，其含义为：

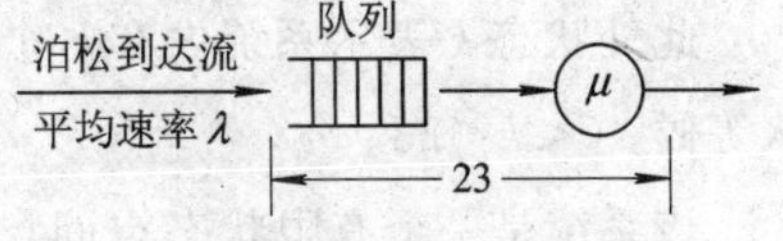

图 4.1　$M/M/1/23$ 排队模型示意图

(1) 输入过程 $\{M(t),\ t\geqslant 0\}$ 为 Poisson 流，平均到达速率为 λ（单位时间内的顾客数，$\lambda>0$），其顾客源的个数为 ∞；

(2) 对每个顾客的服务时间 $\{v_n,\ n=1,\ 2,\ \cdots\}$ 相互独立且都服从负指数分布，平均服务时间为 $E(v_n)=1/\mu$，其中 $\mu>0$，表示单位时间内服务完的平均顾客数目；

(3) 1 个服务员；

(4) 系统容量为 23。一个顾客到达系统的时候，系统内若没有其它顾客，必可立即接受服务；当一个顾客正在接受服务的时候，若有其它顾客到达系统，则这些到达顾客在队列中排队等待服务；若系统内的顾客总数目已经达到 23，则这些到达顾客离去。

4.1.1 解析法

1. 把 M/M/1/23 看做生灭过程

依然遵从第 1 章的符号设定，设 $N(t)$表示 t 时刻系统的队长(总顾客数)，由于系统容量为 23，故 $N(t)$的可能取值空间 $I=\{0, 1, 2, \cdots, 23\}$，$N(t)$的取值空间就是状态空间，系统可在这些状态之间变化，相邻状态就是相差不大于 1 的顾客数。系统中下一时刻顾客的数目只可能增加一个、减少一个或保持不变，也就是该随机过程的一步转移只能发生在相邻状态之间，或者说，用“生”表示顾客增加一个，“灭”表示顾客减少一个，如图 4.2 所示。

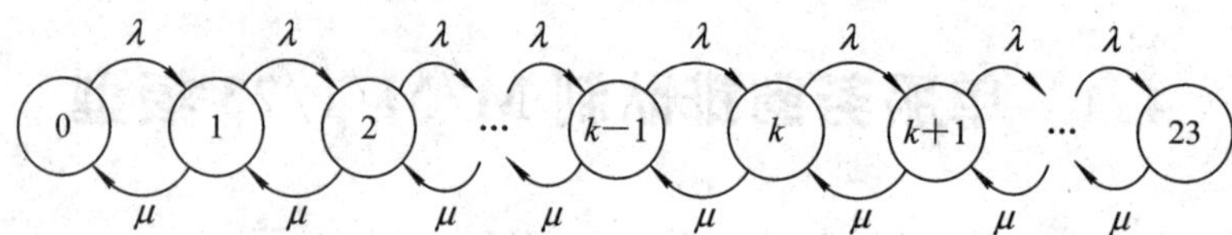

图 4.2 M/M/1/23 排队模型的状态流图

此处状态 k 表示系统内有 k 个顾客，服务窗正忙，且有 $k-1$ 个顾客排队等候，$0<k<23$。

该系统是一个有限状态空间，每个状态均可达，因此系统存在平稳分布，即系统处于各个状态的概率均存在，如表 4.1 所示。

表 4.1 M/M/1/23 排队模型的平稳状态分布

状态	0	1	…	$k-1$	k	$k+1$	…	23
概率	P_0	P_1	…	P_{k-1}	P_k	P_{k+1}	…	P_{23}

表 4.1 中，P_k为系统处于状态 k 的概率，且有

$$P_0+P_1+\cdots+P_{23}=1$$

该式也称为概率归一化条件，即系统处于每个状态的概率之和为 1。

2. 由生灭过程求概率分布

根据平稳状态下概率守恒原理，对图 4.2 中的每个状态写出流量平衡方程，得到每个状态的概率守恒方程如表 4.2 所示。

表 4.2　各个状态概率守恒方程

名称	流出＝流入	化简后的方程
状态 0	$\lambda P_0 = \mu P_1$	$P_1 = \rho P_0$
状态 1	$\mu P_1 + \lambda P_1 = \lambda P_0 + \mu P_2$	$P_2 = \rho^2 P_0$
⋮	⋮	⋮
状态 $k-1$	$\mu P_{k-1} + \lambda P_{k-1} = \lambda P_{k-2} + \mu P_k$	$P_k = \rho^k P_0$
状态 k	$\mu P_k + \lambda P_k = \lambda P_{k-1} + \mu P_{k+1}$	$P_{k+1} = \rho^{k+1} P_0$
状态 $k+1$	$\mu P_{k+1} + \lambda P_{k+1} = \lambda P_k + \mu P_{k+2}$	$P_{k+2} = \rho^{k+2} P_0$
⋮	⋮	⋮
状态 22	$\mu P_{22} + \lambda P_{22} = \lambda P_{21} + \mu P_{23}$	$P_{23} = \rho^{23} P_0$
状态 23	$\mu P_{23} = \lambda P_{22}$	$P_{23} = \rho^{23} P_0$

表 4.2 中 $\rho=\lambda/\mu$，表示系统负荷水平或者强度。事实上，状态 23 的方程可省略。

根据概率归一化条件，所有状态的概率之和为 1，可得

$$\begin{aligned} P_0 + P_1 + \cdots + P_{23} &= P_0 + \rho P_0 + \cdots + \rho^{23} P_0 \\ &= P_0(1 + \rho + \cdots + \rho^{23}) \\ &= P_0 \frac{1-\rho^{24}}{1-\rho} \\ &= 1 \end{aligned}$$

因此

$$P_0 = \frac{1-\rho}{1-\rho^{24}}$$

$$P_k = \rho^k \frac{1-\rho}{1-\rho^{24}},\quad k = 1, 2, \cdots, 23$$

3. 由概率分布求 L_w 与 L_s

系统中顾客排队等待数量的均值 L_w 可由概率分布求得。这是因为，概率分布反应了系统中有 k 个人的概率，而当平均等待队长为 k 的时候，系统内有 $k+1$ 个人(k 个人排队等待，1 个人正在接受服务)，因此 L_w 可由如下数学期望来描述：

$$L_w = \sum_{k=0}^{22} kP_{k+1} = \sum_{k=0}^{22} k\rho^{k+1} P_0$$

$$= \rho^2 P_0 \sum_{k=0}^{22} k\rho^{k-1} \quad \text{（注：提取 } \rho^2 \text{ 后该求和变得简单）}$$

$$= \rho^2 P_0 (1+\rho+\rho^2+\cdots+\rho^{22})'$$

（请验证对圆括号内各项求导的结果是否和上面相等）

$$= \rho^2 P_0 \left(\frac{1-\rho^{23}}{1-\rho}\right)' \quad \text{（注：请注意从求和到除法的转换）}$$

$$= \rho^2 P_0 \left(\frac{-23\rho^{22}}{1-\rho} + \frac{1-\rho^{23}}{(1-\rho)^2}\right) \quad \text{（注：分部求导）}$$

$$= \frac{\rho}{1-\rho} - \frac{\rho+23\rho^{24}}{1-\rho^{24}} \quad \text{（注：代入 } P_0 \text{ 化简）}$$

系统中忙的服务员的平均个数 L_s 也可由概率分布求得。这是因为，当系统内有 0 个顾客时，服务员闲，即忙的服务员个数为 0，对应的概率为 P_0；当系统内多于一个顾客时，服务员忙的个数为 1，对应的概率为 $1-P_0$。因此，L_s 可由如下数学期望来描述：

$$L_s = 1\times(1-P_0) + 0\times P_0 = \frac{\rho-\rho^{24}}{1-\rho^{24}}$$

4. 由 L_w 与 L_s 求其它稳态特性指标

首先，系统的平均队长，即系统内的总顾客数为

$$L = L_w + L_s = \frac{\rho}{1-\rho} - \frac{24\rho^{24}}{1-\rho^{24}}$$

注意到当系统中有 23 个顾客的时候，新来的顾客只能离去，因此 P_{23} 就是系统的损失概率 $P_{损}$，即

$$P_{损} = P_{23}$$

而相对通过能力 Q 即单位时间内被服务完顾客数与请求顾客数之比值，显然为

$$Q = 1 - P_{损}$$

注意到顾客以速率 λ 到达系统，如果系统内总人数达到 23 才会离开，因此单位时间内平均进入系统的顾客数，即有效到达率为

$$\lambda_{有效} = \lambda(1 - P_{23}) = \lambda Q$$

根据 Little 公式可得顾客平均等待时间 T_w 与平均逗留时间 T_{us} 分别为：

$$T_w = \frac{L_w}{\lambda_{有效}} = \frac{\rho}{\mu(1-\rho)} - \frac{23\rho^{23}}{\mu(1-\rho^{23})}$$

$$T_{us} = \frac{L}{\lambda_{有效}} = \frac{1}{\mu(1-\rho)} - \frac{23\rho^{23}}{\mu(1-\rho^{23})}$$

4.1.2　M / M / 1 / 23 的模拟法

启动 JMT，进入界面后，选择 JSIMgraph，在菜单栏中的文件下拉菜单中点击创建一个新项目。建立一个 M/M/1/23 的排队模型。过程如下：

(1) 按照第 3 章的介绍，使用工具栏第二排提供的功能。选择 Source、Queue、Sink，并用连线将它们连起来。

(2) 定义到达类与输入速率，设置系统容量，选择 Finite，并输入参数 23。

(3) 查看 Class 特性编辑界面。打开图标为 Class 的按钮，在右上角点击添加按钮，添加需要分析的类。

(4) 打开定义分析变量按钮，在右上角选择要分析的稳态特性指标类型设置模拟环境下的参数区间。

(5) 打开仿真参量设置，在界面中设置相关参数。

(6) 开始仿真过程。点击主界面工具栏的开始模拟按钮，即可得模拟结果。

亦可采用 JMCH 观看 M/M/1/23 的动态演示。JMCH 提供了马尔可夫链(Markov chain)的分析。此功能的运用是建立在对马尔可夫链的基本理解的基础之上。它提供了能够对单个模块进行马尔可夫分析的功能。所能

分析的马尔可夫链类型包括有限队长 M/M/1/k 与无限队长 M/M/1。同时，它还能够同步展示马尔可夫链的实时状态并且允许在分析过程中修改平均到达速率(Avg. arrival rate)与平均服务速率(Avg. service time)。

启动JMT，进入界面后，选择 JMCH，在菜单栏中选择队列，选择 M/M/1/k，设置k的大小为23，修改平均到达速率(Avg. arrival rate)与平均服务速率(Avg. service time)并且设置仿真时间比(Stimulation time)，则可看到动态演示。

图 4.3 为 JMCH 功能的主界面，它包括标题栏、菜单栏、控制面板和输出显示面板。

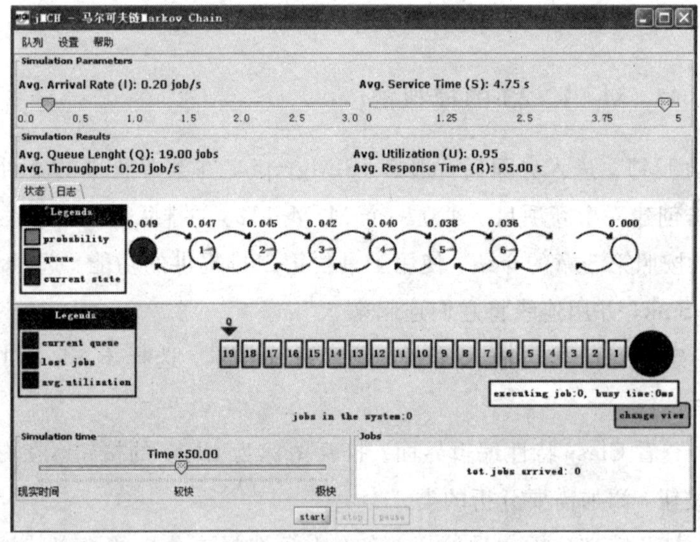

图 4.3 JMCH 功能界面

- 标题栏：显示当前标题。
- 菜单栏：完成对分析类型、参数进行的设置，并且能够通过系统寻求帮助。
- 输入面板：修改平均到达速率(Avg. arrival rate)与平均服务速率(Avg. service time)并且设置仿真时间比(Stimulation time)。
- 显示输出面板：观察实时状态的图形模型，也同样有能够获取日志信息。

接下来，对各个部件进行详细说明：

• 菜单栏：如图 4.4 所示的队列菜单和图 4.5 所示的设置菜单。

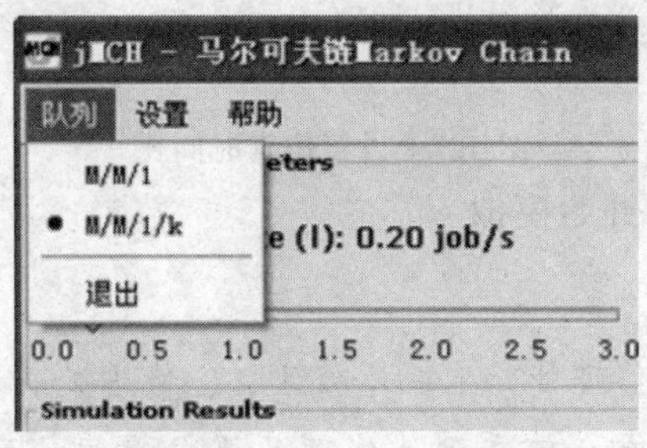

图 4.4　菜单栏—队列菜单

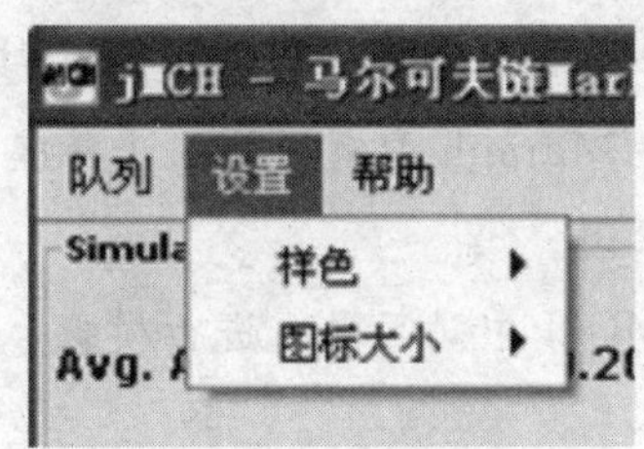

图 4.5　菜单栏—设置菜单

说明：首先在菜单栏的队列菜单中选择分析队列的类型，包括 M/M/1/K、M/M/1 两种模式。在设置菜单中能够更改显示输出面板的各项设置，包括颜色和图标大小。菜单栏中提供了帮助功能。本例可选择 M/M/1/k，设置 k 的值为 23。

• 输入面板：图 4.6 所示为修改到达速率、平均服务速率表的界面，图 4.7 所示为设置仿真时间比的界面。

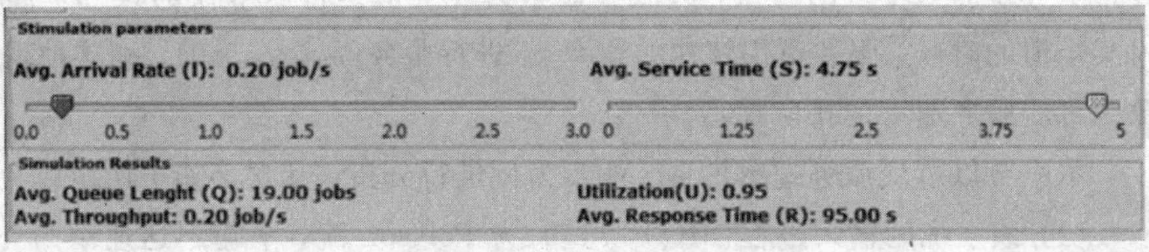

图 4.6　修改平均到达速率、平均服务速率表

图 4.7 设置仿真时间比

点击 start，即可开始模拟。

习题

(1) 设某自行车修理处只有一个修理工，修理处内最大可以停放 23 辆自行车，平均每小时有 9 辆车到达修理处要求修理，而修理工平均修理一辆自行车需要 20 分钟。试求顾客到达后的平均等待时间，修理场平均停放自行车的数目，并据此分析该修理处的场地是否足够大。

(2) 请在 JMT 的 JSIMgraph 中对习题 1 进行模拟，将模拟结果与解析结果相比对，并请分析原因。

(3) 请在 JMT 的 JMCH 中对习题 1 进行模拟，将模拟结果与解析结果相比对，并请分析原因。

(4) 请给出 M/M/1 的稳态特性分析，给出通用解析公式，并在 JMT 中进行模拟，将模拟结果与解析结果相比对，并请分析原因。

4.2 可变服务速率的 M/M/1 排队模型

生活中经常可以看到如下情况，在某个单服务窗排队系统中，服务员在排队等候的人不多的时候，其服务速率为 μ_1，但是排队等候的人一旦超过某个值的时候，服务员用快速的速率 μ_2 进行服务($\mu_2>\mu_1>0$)。称这种现象为可变服务速率的排队模型。

本小节以可变服务速率的 M/M/1 为例进行分析，其含义如下所示：

(1) 该系统的输入过程$\{M(t), t\geqslant 0\}$为 Poisson 流，平均到达速率为 λ(单位时间内的顾客数，$\lambda>0$)，其顾客源的个数为∞；

(2) 对每个顾客的服务时间 $\{v_n, n=1, 2, \cdots\}$ 相互独立并且都服从负指数分布，当排队的长度小于等于 $n(n>1)$ 的时候服务员以速率 μ_1 进行服务，当排队的长度大于 n 的时候服务员以速率 $\mu_2(\mu_2>\mu_1>0)$ 进行服务；

(3) 1 个服务员；

(4) 系统容量为∞，一个顾客到达系统的时候，系统内若没有其它顾客，必可立即接受服务；当一个顾客正在接受服务的时候，若有其它顾客到达系统，则这些到达顾客在队列中排队等待服务。

4.2.1 可变服务速率的 M/M/1 解析法

1. 把可变服务速率的 M/M/1 看做生灭过程

依然遵从第 1 章的符号设定，设 $N(t)$ 表示 t 时刻系统的队长（总顾客数），由于系统容量为∞，故 $N(t)$ 的可能取值空间为 $I=\{0, 1, 2, \cdots\}$，$N(t)$ 的取值空间就是状态空间，系统可在这些状态之间变化，相邻状态就是相差不大于 1 的顾客数。系统中下一时刻顾客的数目只可能增加一个、减少一个或保持不变，也就是该随机过程的一步转移只能发生在相邻状态之间，或者说，用“生”表示顾客增加一个，“灭”表示顾客减少一个，如图 4.8 所示。

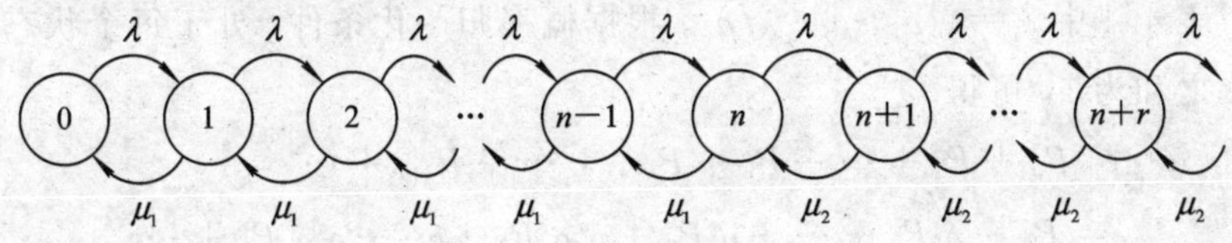

图 4.8　可变服务速率的 M/M/1 排队模型的状态流图

假设该系统存在平稳分布，即系统处于各个状态的概率均存在，如表 4.3 所示。

表 4.3　可变服务速率的 M/M/1/23 排队模型的平稳状态分布

状态	0	1	…	$n-1$	n	$n+1$	…	$n+r$	…
概率	P_0	P_1	…	P_{n-1}	P_n	P_{n+1}	…	P_{n+r}	…

表 4.3 中有

$$P_0 + P_1 + \cdots = 1$$

该式也称为概率归一化条件，即系统处于每个状态的概率之和为 1。

2. 由生灭过程求概率分布

根据平稳状态下概率守恒原理，对图 4.8 中的每个状态写出流量平衡方程，得到每个状态的概率守恒方程如表 4.4 所示。

表 4.4　各个状态概率守恒方程

名　称	流出＝流入	化简后的方程
状态 0	$\lambda P_0 = \mu_1 P_1$	$P_1 = \rho_1 P_0$
状态 1	$\mu_1 P_1 + \lambda P_1 = \lambda P_0 + \mu_1 P_2$	$P_2 = \rho_1^2 P_0$
⋮	⋮	⋮
状态 $n-1$	$\mu_1 P_{n-1} + \lambda P_{n-1} = \lambda P_{n-2} + \mu_1 P_n$	$P_n = \rho_1^n P_0$
状态 n	$\mu_1 P_n + \lambda P_n = \lambda P_{n-1} + \mu_2 P_{n+1}$	$P_{n+1} = \rho_1^n \rho_2 P_0$
⋮	⋮	⋮
状态 $n+r-1$	$\mu_2 P_{n+r-1} + \lambda P_{n+r-1} = \lambda P_{n+r-2} + \mu_2 P_{n+r}$	$P_{n+r} = \rho_1^n \rho_2^r P_0$
⋮	⋮	⋮

表 4.4 中 $\rho_1 = \lambda/\mu_1$，$\rho_2 = \lambda/\mu_2$。根据概率归一化条件，处于每个状态的概率之和为 1，可得

$$\begin{aligned} & P_0 + P_1 + \cdots + P_n + P_{n+1} + \cdots + P_{n+r} + \cdots \\ = {} & P_0 + \rho_1 P_0 + \cdots + \rho_1^n P_0 + \rho_1^n \rho_2 P_0 + \cdots + \rho_1^n \rho_2^r P_0 + \cdots \\ = {} & P_0[(1 + \rho_1 + \cdots + \rho_1^n) + \rho_1^n \rho_2 (1 + \rho_2 + \rho_2^2 + \cdots)] \end{aligned}$$

注意到两项级数中后者是可列的，因此只要 $\rho_2 = \lambda/\mu_2 < 1$，该级数收敛，因此有

$$\begin{aligned} & P_0 + P_1 + \cdots + P_n + P_{n+1} + \cdots + P_{n+r} + \cdots \\ = {} & P_0 \left[\frac{1 - \rho_1^{n+1}}{1 - \rho_1} + \frac{\rho_1^n \rho_2}{1 - \rho_2} \right] \\ = {} & 1 \end{aligned}$$

故

$$P_0=\left[\frac{1-\rho_1^{n+1}}{1-\rho_1}+\frac{\rho_1^n\rho_2}{1-\rho_2}\right]^{-1}$$

注意到 P_0 为系统内有 0 个人的概率，若要上式有意义，其值必须大于 0 且小于 1，不难看出，只要 $\rho_2=\lambda/\mu_2<1$ 即可。事实上，本小节讨论的可变服务速率的 M/M/1 系统存在统计平衡解的条件即为 $\rho_2<1$。

3. 由概率分布求 L 与 L_s

系统中顾客总数量的均值 L 可由概率分布求得。这是因为，概率分布反应了系统中有 k 个人的概率，因此 L 可由如下数学期望来描述①：

$$\begin{aligned}L&=\sum_{k=0}^{\infty}kP_k\\&=P_0\left[\sum_{k=0}^{n-1}k\rho_1^k+\sum_{k=n}^{\infty}k\rho_1^n\rho_2^{k-n}\right]\\&=P_0\left[\rho_1\sum_{k=0}^{n-1}k\rho_1^{k-1}+\rho_1\left(\frac{\rho_1}{\rho_2}\right)^{n-1}\sum_{k=n}^{\infty}k\rho_2^{k-1}\right]\\&=P_0\left[\rho_1 d\left(\frac{1-\rho_1^n}{1-\rho_1}\right)/d\rho_1+\rho_1\left(\frac{\rho_1}{\rho_2}\right)^{n-1}d\left(\frac{\rho_2^n}{1-\rho_2}\right)/d\rho_2\right]\\&=P_0\left\{\frac{\rho_1[1+(n-1)\rho_1^n-n\rho_1^{n-1}]}{(1-\rho_1)^2}+\frac{\rho_1^n[n-(n-1)\rho_2]}{(1-\rho_2)^2}\right\}\end{aligned}$$

系统中忙的服务员平均个数 L_s 也可由概率分布求得。这是因为，当系统内有 0 个顾客时，服务员闲，即忙的服务员个数为 0，对应的概率为 P_0；当系统内多于一个顾客时，服务员忙的个数为 1，对应的概率为 $1-P_0$，因此 L_s 可由如下数学期望来描述：

$$L_s=1\times(1-P_0)+0\times P_0=1-P_0$$

4. 由 L 与 L_s 求其它稳态特性指标

首先，系统的平均等待队长，即系统内的排队的平均顾客数为

$$L_w=L-L_s$$

---

① 此处的级数求和方法与本章第一小节采用的方法十分类似，请读者自己思考。

根据 Little 公式可求得顾客平均等待时间 T_w 与平均逗留时间 T_{us}：

$$T_w = \frac{L_w}{\lambda} \qquad T_{us} = \frac{L}{\lambda}$$

4.2.2 可变服务速率的 M/M/1 的模拟法

启动 JMT，进入界面后，选择 JSIMgraph，在菜单栏中的文件下拉菜单中点击创建一个新项目。建立一个可变服务速率的 M/M/1 排队模型的过程如下：

(1) 按照第 3 章的介绍，使用工具栏第二排提供的功能。选择 Source、Queue、Sink，并用连线将它们连起来；

(2) 点击 Queue，设置输入速率，系统容量等参数；

(3) 设置服务速率，如图 4.9 和图 4.10 所示；

(4) 添加需要分析的类，打开定义分析变量按钮，在右上角选择要分析的稳态特性指标类型设置模拟环境下的参数区间；

(5) 打开仿真参量设置，在界面中设置相关参数；

(6) 开始仿真过程，得到对应模拟图。

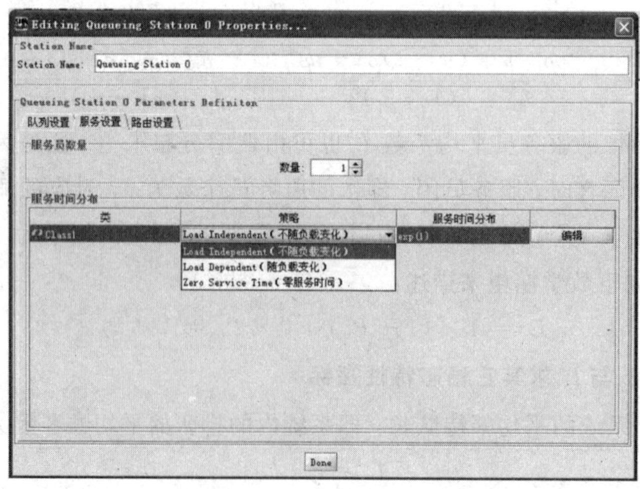

图 4.9 可变服务速率设置

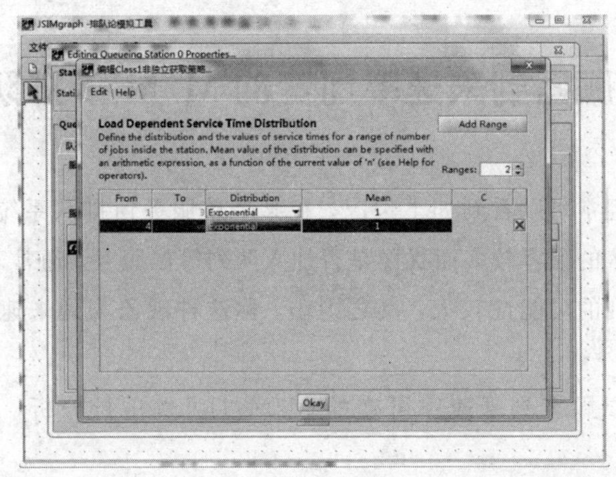

图 4.10　服务速率与队列长度变化关系设置

习题

(1) 请按照本小节 2.2 的模拟方法，在 JMT 的 JSIMgraph 中模拟一个具体的可变服务速率的 M/M/1，将模拟结果与解析结果相比对，并分析原因。

(2) 考虑某服务器上一个能自动超频的 CPU，到达 CPU 的任务为 Poisson 流，平均到达速率为 80M 个/s，CPU 为到达的任务提供了缓存，若某任务到达时 CPU 正在计算，则该任务在缓存中排队等待，该服务器配置很高可近似认为缓存大小为∞，CPU 对每个任务的计算时间相互独立，并服从负指数分布。为提高 CPU 的利用率，该 CPU 设置了自动超频技术，当缓存中排队等待的任务小于门限值 40M 个时，CPU 对每个任务提供平均 200M 个/s 的服务速率，当缓存中排队等待的任务达到或者超过 40M 个时，CPU 对每个任务提供平均 400M 个/s 的服务速率。问：

① 画出该系统的状态转移图，判断该系统能否到达统计平衡；

② 若能到达统计平衡，则该系统的缓存中平均队长为多少；

③ 采用 JMT 进行模拟，然后与解析结果进行比对；

④ 若该门限值变为 20M 个，重复以上 3 问；

*⑤ 请思考该门限值应该如何选取。

4.3　顾客到来速率可变的 M/M/1 排队模型

生活中经常可以看到如下情况，在某个单服务窗排队系统中，顾客到达后发现排队的顾客较多而犹豫是否加入队列等候服务。通常若队列较短，顾客加入队列的可能性较大，反之则小，称这种现象为到来速率可变的排队模型。

本小节以顾客到来速率可变的 M/M/1 为例进行分析，其含义如下所示：

(1) 该系统的输入过程$\{M(t), t\geqslant 0\}$为 Poisson 流，平均到达速率为λ(单位时间内的顾客数，$\lambda > 0$)，其顾客源的个数为∞，顾客到达后加入队列的概率与队列的长度成反比。本例中假设该概率为$1/(k+1)$，即当顾客到达系统后发现已经有k个顾客正在排队等候，则以概率$1/(k+1)$加入队列。

(2) 对每个顾客的服务时间$\{v_n, n=1, 2, \cdots\}$相互独立并且都服从负指数分布，平均服务时间为$E(v_n) = 1/\mu$，其中$\mu > 0$，表示单位时间内服务完的平均顾客数目。

(3) 1 个服务员。

(4) 系统容量为∞，一个顾客到达系统的时候，系统内若没有其它顾客，必可立即接受服务，而当一个顾客正在接受服务的时候，若有其它顾客到达系统，则这些到达顾客在队列中排队等待服务。

1. 把顾客到来速率可变的 M/M/1 看做生灭过程

依然遵从第 1 章的符号设定，设$N(t)$表示t时刻系统的队长(总顾客数)，由于系统容量为∞，故$N(t)$的可能取值空间为$I = \{0, 1, 2, \cdots\}$，$N(t)$的取值空间就是状态空间，系统可在这些状态之间变化，相邻状态就是相差不大于 1 的顾客数。系统中下一时刻顾客的数目只可能增加一个、减少一个或保持不变，也就是该随机过程的一步转移只能发生在相邻状态之间，或者说，用“生”表示顾客增加一个，“灭”表示顾客减少一个，如图 4.11 所示。

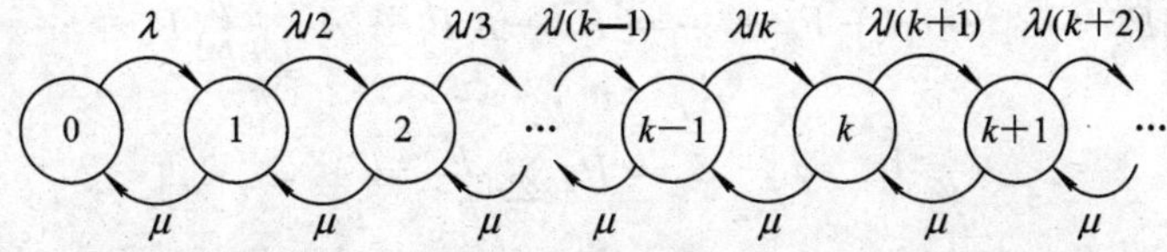

图 4.11　顾客到来速率可变的 M/M/1 排队模型的状态流图

假设该系统存在平稳分布，即系统处于各个状态的概率均存在，如表 4.5 所示。

表 4.5　顾客到来速率可变的 M/M/1 排队模型的平稳状态分布

状态	0	1	…	$k-1$	k	$k+1$	…
概率	P_0	P_1	…	P_{k-1}	P_k	P_{k+1}	…

表 4.5 中有

$$P_0 + P_1 + \cdots = 1$$

该式也称为概率归一化条件，即系统处于每个状态的概率之和为 1。

2. 由生灭过程求概率分布

根据平稳状态下概率守恒原理，对图 4.11 中的每个状态写出流量平衡方程，得到每个状态的概率守恒方程如表 4.6 所示。

表 4.6　各个状态概率守恒方程

名称	流出＝流入	化简后的方程
状态 0	$\lambda P_0 = \mu P_1$	$P_1 = \rho P_0$
状态 1	$\mu P_1 + \frac{\lambda}{2} P_1 = \lambda P_0 + \mu P_2$	$P_2 = \frac{\rho^2}{2!} P_0$
⋮	⋮	⋮
状态 $k-1$	$\mu P_{k-1} + \frac{\lambda}{k} P_{k-1} = \frac{\lambda}{k-1} P_{k-2} + \mu P_k$	$P_k = \frac{\rho^k}{k!} P_0$
⋮	⋮	⋮

表 4.6 中 $\rho=\lambda/\mu$。根据概率归一化条件，系统处于每个状态的概率之和为 1，可得

$$P_0+P_1+\cdots+P_k+\cdots=P_0+\rho_1 P_0+\cdots+\frac{\rho^k}{k!}P_0+\cdots$$

$$=P_0\sum_{k=0}^{\infty}\frac{\rho^k}{k!}=1$$

注意该级数是可列的，因此只要 $\rho=\dfrac{\lambda}{\mu}<1$，该级数收敛，因此有

$$P_0=\left(\sum_{k=0}^{\infty}\frac{\rho^k}{k!}\right)^{-1}=\mathrm{e}^{-\rho}$$

事实上，本小节讨论的顾客到来速率可变的 M/M/1 系统存在统计平衡解的条件即为 $\rho<1$。

3. 由概率分布求 L 与 L_w

系统中顾客总数量的均值 L 可由概率分布求得。这是因为，概率分布反应了系统中有 k 个人的概率，因此 L 可由如下数学期望来描述：

$$L=\sum_{k=0}^{\infty}kP_k=\sum_{k=0}^{\infty}\frac{k\rho^k}{k!}\mathrm{e}^{-\rho}=\rho$$

系统排队等待的顾客平均个数 L_w 也可由概率分布求得，由于当排队等待的顾客数目为 k 的时候，系统内有 $k+1$ 个人，其概率为 P_{k+1}，因此 L_w 可由如下数学期望来描述：

$$L_w=\sum_{k=0}^{\infty}kP_{k+1}=\sum_{k=1}^{\infty}kP_k-\sum_{k=1}^{\infty}P_k$$

$$=L-(1-P_0)$$

$$=\rho+\mathrm{e}^{-\rho}-1$$

事实上，L_w 也可由如下方法求得。由于 $L_w=L-L_s$，而系统中忙的服务员平均个数 L_s 的概率分布为：当系统内有 0 个顾客时，服务员闲，即忙的服务员个数为 0，对应的概率为 P_0；当系统内多于一个顾客时，服务员忙个数为 1，对应的概率为 $1-P_0$，因此 $L_s=1\times(1-P_0)+0\times P_0=1-P_0$。

4. 由 L 与 L_w 求其它稳态特性指标

根据 Little 公式可求得顾客平均等待时间 T_w 与平均逗留时间 T_{ws}：

$$T_w=\frac{L_w}{\lambda},\quad T_{ws}=\frac{L}{\lambda}$$

考虑到该系统有部分到达的顾客没有加入队列而离开，当顾客到达系统后发现已经有 k 个顾客正在排队等候，则以概率 $1/(k+1)$ 加入队列，以概率 $k/(k+1)$ 离开系统，因此

$$\begin{aligned}P_{损}&=\sum_{k=0}^{\infty}P_k\left(1-\frac{1}{k+1}\right)\\&=\sum_{k=0}^{\infty}P_k-\sum_{k=0}^{\infty}\frac{P_k}{k+1}\\&=1-\sum_{k=0}^{\infty}\frac{P_k}{k+1}\\&=1-\frac{1-\mathrm{e}^{-\rho}}{\rho}\end{aligned}$$

4.4　具有不耐烦顾客的 M/M/1 排队模型

某个单服务窗 M/M/1 排队系统，顾客到达后发现窗口正忙，则排队等候服务。如果等候排队的队伍很长或者服务窗工作效率较低，部分排队等候的顾客出现烦躁情绪，甚至有顾客离开队伍去别处寻求服务。例如小诊所求医，小理发馆等候理发，公共电话亭排队等候打电话等排队系统均可能出现上述不耐烦顾客。

本小节以具有不耐烦顾客的 M/M/1 为例进行分析，其含义如下所示：

(1) 该系统的输入过程 $\{M(t),\ t\geqslant 0\}$ 为 Poisson 流，平均到达速率为 λ（单位时间内的顾客数，$\lambda>0$），其顾客源的个数为 ∞，顾客到达后加入队列排队，顾客具有不耐烦特性。本例中假设若顾客离开队伍的强度与队列长度 k 有关，即到达系统后发现已经有 k 个顾客正在排队等候，则以速率 $k\Delta$ 按泊松分布离开队伍另求服务。

(2) 对每个顾客的服务时间$\{v_n, n=1, 2, \cdots\}$相互独立并且都服从负指数分布，平均服务时间为$E(v_n)=1/\mu$，其中$\mu>0$，表示单位时间内服务完的平均顾客数目。

(3) 1个服务员。

(4) 系统容量为∞。

依然遵从第1章的符号设定，设$N(t)$表示t时刻系统的队长(总顾客数)，由于系统容量为∞，故$N(t)$的可能取值空间为$I=\{0, 1, 2, \cdots\}$，$N(t)$的取值空间就是状态空间，系统可在这些状态之间变化，相邻状态就是相差不大于1的顾客数。系统中下一时刻顾客的数目只可能增加一个、减少一个或保持不变，也就是该随机过程的一步转移只能发生在相邻状态之间，或者说，用“生”表示顾客增加一个，“灭”表示顾客减少一个。

显然，“生”的速率为λ；注意到顾客的不耐烦特性，顾客到达系统后发现已经有k个顾客正在排队等候，则以速率$k\Delta$按泊松分布离开队伍另求服务，因此“灭”的速率如图4.12所示。

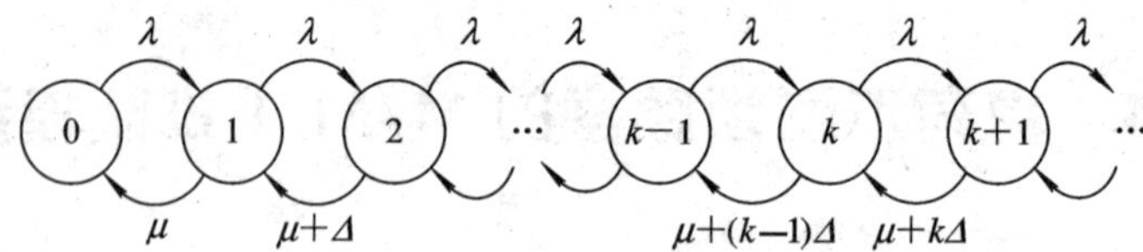

图4.12　具有不耐烦顾客的M/M/1排队模型的状态流图

假设该系统存在平稳分布，即系统处于各个状态的概率均存在，如表4.7所示。

表4.7　具有不耐烦顾客的M/M/1排队模型的平稳状态分布

状态	0	1	…	$k-1$	k	$k+1$	…
概率	P_0	P_1	…	P_{k-1}	P_k	P_{k+1}	…

表4.7中有

$$P_0+P_1+\cdots=1$$

该式也称为概率归一化条件，即系统处于每个状态的概率之和为 1。

根据平稳状态下概率守恒原理，对图中的每个状态写出流量平衡方程，得到每个状态的概率守恒方程如表 4.8 所示。

表 4.8　各个状态概率守恒方程($\beta=\Delta S/\mu$)

名称	流出=流入	化简后的方程
状态 0	$\lambda P_0=\mu P_1$	$P_1=\rho P_0$
状态 1	$\mu P_1+\lambda P_1=\lambda P_0+(\mu+\Delta)P_2$	$P_2=\frac{\lambda^2}{\mu(\mu+\Delta)}P_0=\frac{\rho^2}{1+\beta}P_0$
⋮	⋮	⋮
状态 $k-1$	$(\mu+(k-2)\Delta)P_{k-1}+\lambda P_{k-1}$ $=\lambda P_{k-2}+(\mu+(k-1)\Delta)P_k$	$P_k=\frac{\rho^k P_0}{(1+\beta)(1+2\beta)\cdots[1+(k-1)\beta]}$
⋮	⋮	⋮

表 4.8 中 $\beta=\Delta/\mu$，$\rho=\lambda/\mu$。根据概率归一化条件，系统处于每个状态的概率之和为 1，可得

$$P_0+P_1+\cdots+P_k+\cdots=1$$

因此求得

$$P_0=\left[1+\rho+\frac{\rho^2}{1+\beta}+\cdots+\frac{\rho^k}{(1+\beta)(1+2\beta)\cdots[1+(k-1)\beta]}+\cdots\right]^{-1}$$

到这里，因为继续求解涉及到复杂级数的求和与不等式方法，我们的解析求解到此为止，后续略。

习题

(1) 请在 JMT 中对具有不耐烦顾客的 M/M/1 进行模拟。

(2) 考虑具有不耐烦顾客的 M/M/1/k，请读者自行构造合理的参数求解，在 JMT 中进行模拟，并将模拟结果与解析结果相比较。(提示：本小节采用的级数求和方法很繁琐，可列出状态转移矩阵，参考马尔可夫链中介绍的方法，列出线性方程组求解，线性方程组的求解可在 Matlab 中完成。)

4.5 有差错服务的单服务窗排队模型

现实生活中，由于种种原因，服务窗出现差错的事件时有发生，例如医生开错处方、开错刀或者动完手术后忘记取出纱布，医院发错药，售货员找错钱，程序员编错程序等，都属于有差错服务。在出现差错以后，顾客往往会返回服务台进行二次服务，亦即重新加入排队系统，因此会对顾客的到来速率(或者说强度)产生影响。考虑到在正常的日常生活中，这些出差错的概率是很小的，因此本小节假设服务正确的概率为 $\varepsilon(0\ll\varepsilon<1)$。

考虑顾客来源为无穷的场景，由于顾客来源相当多，即使发生小概率的有差错事件，顾客返回到排队系统中，但是对顾客到来的强度影响并不大，基本可忽略。因此本小节并不对其进行分析，而是重点考虑顾客来源有限的情况。

本小节分析有差错服务的 M/M/1/m/m 排队系统，M/M/1/m/m 排队系统如图 4.13 所示，其含义为：

(1) 该系统的输入过程$\{M(t),\ t\geqslant0\}$为 Poisson 流，每个顾客要求服务的平均强度为 λ(单位时间内的服务次数，$\lambda>0$)，其顾客源的个数为 m；

(2) 对每个顾客的服务时间$\{v_n,\ n=1,\ 2,\ \cdots\}$相互独立并且同服从负指数分布，平均服务时间为 $E(v_n)=1/\mu$，其中 $\mu>0$，表示单位时间内服务完的平均顾客数目；

(3) 1 个服务员，对每个顾客，服务成功的概率为 $\varepsilon(0\ll\varepsilon<1)$；

(4) 系统容量为 m，一个顾客到达系统的时候，系统内若没有其它顾客，必可立即接受服务，而当一个顾客正在接受服务的时候，若有其它顾客到达系统，则这些到达顾客在队列中排队等待服务，若系统内的顾客总数目已经达到 m，则这些到达顾客离去。

1. 把 M/M/1/m/m 看做生灭过程

依然遵从第 1 章的符号设定，设 $N(t)$表示 t 时刻系统的队长(总顾客数)，

由于系统容量为 m，故 $N(t)$的可能取值空间为 $I=\{0, 1, 2, \cdots, m\}$，$N(t)$的取值空间就是状态空间，系统可在这些状态之间变化，相邻状态就是相差不大于 1 的顾客数。系统中下一时刻顾客的数目只可能增加一个、减少一个或保持不变，也就是该随机过程的一步转移只能发生在相邻状态之间，或者说，用“生”表示顾客增加一个，“灭”表示顾客减少一个。

由于服务员对每个顾客服务成功的概率为 ε，平均服务时间为 $E(v_n)=1/\mu$，因此“灭”的速率为 $\varepsilon\mu$。

当排队系统内没有顾客的时候，则有 m 个顾客可能要求服务(进入系统)，由于每个顾客要求服务的平均强度为 λ，此时系统“生”的速率为 $m\lambda$；当排队系统内只有一个顾客的时候，则有$(m-1)$个顾客可能要求进入系统接收服务，此时系统“生”的速率为$(m-1)\lambda$；依此类推，当系统内有$(m-1)$个顾客的时候，则仅有 1 名顾客要求进入系统接收服务，此时系统“生”的速率为 λ，如图 4.13 所示。

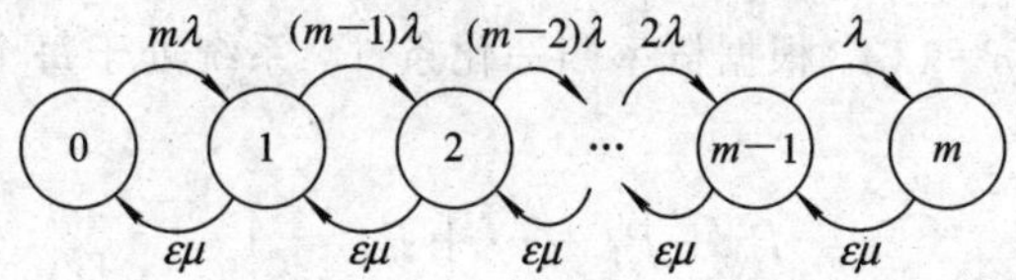

图 4.13　有差错服务的 M/M/1/m/m 排队模型的状态流图

该系统是一个有限状态空间，每个状态均可达，因此系统存在平稳分布，即系统处于各个状态的概率均存在，如表 4.9 所示。

表 4.9　M/M/1/23 排队模型的平稳状态分布

状态	0	1	…	$k-1$	k	$k+1$	…	m
概率	P_0	P_1	…	P_{k-1}	P_k	P_{k+1}	…	P_m

表 4.9 中，P_k 为系统处于状态 k 的概率，且有

$$P_0+P_1+\cdots+P_m=1$$

该式也称为概率归一化条件，即系统处于每个状态的概率之和为 1。

2. 由生灭过程求概率分布

根据平稳状态下概率守恒原理，对图 4.13 中的每个状态写出流量平衡

方程，得到每个状态的概率守恒方程如表 4.10 所示。

表 4.10　各个状态概率守恒方程

名称	流出＝流入	化简后的方程
状态 0	$m\lambda P_0=\varepsilon\mu P_1$	$P_1=\frac{m}{\varepsilon}\rho P_0$
状态 1	$\varepsilon\mu P_1+(m-1)\lambda P_1=m\lambda P_0+\varepsilon\mu P_2$	$P_2=\frac{m(m-1)}{\varepsilon^2}\rho^2 P_0$
⋮	⋮	⋮
状态 $k-1$	$\varepsilon\mu P_{k-1}+(m-k+1)\lambda P_{k-1}=(m-k)\lambda P_{k-2}+\varepsilon\mu P_k$	$P_k=\frac{m!}{(m-k)!\,\varepsilon^k}\rho^k P_0$
⋮	⋮	⋮

表 4.10 中 $\rho=\lambda/\mu$。根据概率归一化条件，系统处于每个状态的概率之和为 1，可得

$$P_0+P_1+\cdots+P_m=1$$

因此不难得到

$$P_0=\left[\sum_{k=0}^{m}\frac{m!}{(m-k)!\,\varepsilon^k}\rho^k\right]^{-1}$$

3. 由概率分布求稳态特性指标

P_0 表示系统内没有人的概率，因此系统的损失概率 $P_{损}$，即系统满员的概率为

$$P_{损}=1-P_0$$

而在单位时间内，可成功服务 $\varepsilon\mu$ 个顾客，因此系统的绝对通过能力，即单位时间内被服务完的顾客的均值为

$$A=\varepsilon\mu(1-P_0)=\varepsilon\mu P_{损}$$

由于有服务需求的顾客迟早会被服务，因此系统的相对通过能力，即单位时间内被服务完顾客数与请求顾客数之比值 $Q=1$。

考虑单位时间内要求服务的顾客均值 c，由于每个顾客要求服务的平均强度为 λ，顾客源的数目为 m，因此没有接收服务（或者说没有在排队系统中）的顾客均值为 $m-c$，而 $\lambda(m-c)$ 为没有接收服务顾客到达排队系统的平均强度，也即系统的有效到达率。而这些可能到达系统的顾客由服务员逐一服务，根据平衡状态下的流入等于流出的原则，因此有

$$\lambda_{有效}=\lambda(m-c)=\varepsilon\mu P_{损}=\varepsilon\mu(1-P_0)$$

从而推得

$$c=m-\frac{\varepsilon\mu(1-P_0)}{\lambda}$$

而 c（单位时间内要求服务的顾客均值）即为系统的平均队长 L，即

$$L=m-\frac{\varepsilon\mu(1-P_0)}{\lambda}$$

而系统的平均队长 L 等于系统的平均等待队长 L_w 加上系统正在服务的平均顾客数目 $1-P_0$，因此有

$$L_w=L-(1-P_0)=m-(1-P_0)\left(1+\frac{\varepsilon\mu}{\lambda}\right)$$

事实上，上式也可以通过前面章节讲述的级数求解的方法得到，如下

$$\begin{aligned}L_w&=\sum_{k=1}^{m}(k-1)P_k\\&=\sum_{k=1}^{m}kP_k-(1-p_0)\\&=L-(1-P_0)\end{aligned}$$

而由概率分布可得

$$(m-k)\lambda P_k=\varepsilon\mu P_{k+1},\ k=0,1,\cdots,m$$

即

$$m\lambda P_k-k\lambda P_k=\varepsilon\mu P_{k+1},\ k=0,1,\cdots,m$$

上式两边对 k 求和，并注意到 $P_{m+1}=0$，得到

$$m\lambda\sum_{k=0}^{m}P_k-\lambda\sum_{k=0}^{m}kP_k=\varepsilon\mu\sum_{k=0}^{m}P_{k+1}$$

注意到概率归一化条件，即 $P_0+P_1+\cdots+P_m=1$，因此上式化为

$$m\lambda-\lambda[L_w+(1-P_0)]=\varepsilon\mu(1-P_0)$$

因此同样可以得到 L_w 与 L。

根据 Little 公式可得顾客平均等待时间 T_w 与平均逗留时间 T_{ws} 分别为

$$T_w=\frac{L_w}{\lambda_{有效}}=\frac{m}{\varepsilon\mu(1-P_0)}-\frac{1}{\varepsilon\mu}-\frac{1}{\lambda}$$

$$T_{ws}=\frac{L}{\lambda_{有效}}=\frac{m}{\varepsilon\mu(1-P_0)}-\frac{1}{\lambda}$$

习题

取本小节的 $\varepsilon=1$，即差错率为 0 的单服务窗排队模型，请指出现实生活中相应的实例。

4.6 成批到达的 $M^k/M/1$ 排队模型

生活中经常可以看到如下情况，在某个单服务窗排队系统中，顾客的到来是一个泊松流，而且是成批的到达排队系统，其批量为 k。例如快递公司的包裹运送、铁路或海运中的集装箱运转、高楼电梯等待。称这种现象为成批到达的排队系统。

本小节以成批到达的 $M^k/M/1$ 为例进行分析，$M^k/M/1$ 含义如下所示：

(1) 该系统的输入过程 $\{M(t),\ t\geqslant 0\}$ 为 Poisson 流，平均到达速率为 λ(单位时间内的到达次数，$\lambda>0$)，但在每一到达时刻来的不是一个顾客，而是一批顾客，本小节中每批到达 k 个顾客，顾客源的个数为 ∞；

(2) 对每个顾客的服务时间 $\{v_n,\ n=1,\ 2,\ \cdots\}$ 相互独立并且都服从负指数分布，服务速率 μ；

(3) 1 个服务员；

(4) 系统容量为 ∞，顾客到达系统的时候，系统内若没有其它顾客，必可立即接受服务，而当一个顾客正在接受服务的时候，若有其它顾客到达系统，则这些到达顾客在队列中排队等待服务。

依然遵从第 1 章的符号设定，设 $N(t)$表示 t 时刻系统的队长(总顾客数)，由于系统容量为∞，故 $N(t)$的可能取值空间为 $I=\{0, 1, 2, \cdots\}$，$N(t)$的取值空间就是状态空间，系统可在这些状态之间变化，相邻状态就是相差不大于 1 的顾客数。系统中下一时刻顾客的数目只可能增加一个、减少一个或保持不变，也就是该随机过程的一步转移只能发生在相邻状态之间，或者说，用“生”表示顾客增加一个，“灭”表示顾客减少一个。

假设某时刻系统中已经有 n 个顾客，此时，当有一个批量为 k 的顾客到来后，系统中的顾客立即增加到 $n+k$ 个，而服务员每次只能服务完一个顾客，则系统的状态流图如图 4.14 所示。

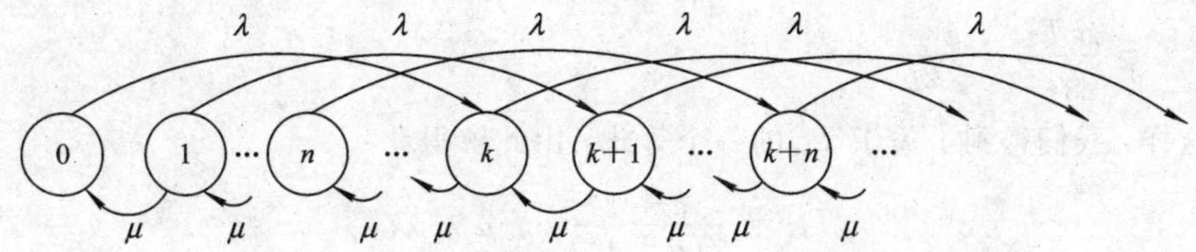

图 4.14　成批到达的 $M^k/M/1$ 排队模型的状态流图

该系统在一定条件下是存在平稳分布的，即系统处于各个状态的概率均存在。如果我们根据前面的方法，依据平衡状态下流入流出流量相等的原则列出等式，然后根据概率归一化条件求出概率分布，最后根据定义求 L 与 L_s 等参数会异常复杂，读者可自行尝试。下面我们用较为简单的方法求解。

假设某时刻系统中已经有 n 个顾客，此时，当有一个批量为 k 的顾客到来后，必须等待这 n 个顾客服务完毕，才能为这批顾客服务，因此，新到达的这批顾客中每位顾客所花费的平均逗留时间为

$$\sum_{i=1}^{k}\frac{i}{\mu}P(\text{该顾客在 } k \text{ 个中排在第 } i \text{ 位})$$

$$=\sum_{i=1}^{k}\frac{i}{\mu}\times\frac{1}{k}=\frac{k+1}{2\mu}$$

这样，某顾客 A 在系统内的平均逗留时间 T_{ws} 可以用数学期望的形式表达如下：

$$
\begin{aligned}
T_{us} &= \sum_{n=0}^{\infty} E\ (\text{逗留时间} \mid \text{顾客 } A \text{ 到达系统队长为 } n) \times P_n \\
&= \sum_{n=0}^{\infty}\ (\text{前 } n \text{ 个顾客服务完毕的时间} + A \text{ 花费的平均逗留时间}) \times P_n \\
&= \sum_{n=0}^{\infty}\left(\frac{n}{\mu} + \frac{k+1}{2\mu}\right) \times P_n \\
&= \frac{1}{\mu}\sum_{n=0}^{\infty} n \times P_n + \frac{k+1}{2\mu}\sum_{n=0}^{\infty} P_n \\
&= \frac{L_{us}}{\mu} + \frac{k+1}{2\mu}\quad (\text{根据李特尔公式化简如下}) \\
&= \frac{\lambda k T_{us}}{\mu} + \frac{k+1}{2\mu}
\end{aligned}
$$

这样，我们得到了关于 T_{us} 的一个等式，由此解得：

$$T_{us} = \frac{k+1}{2(\mu - \lambda k)}, \quad \mu > \lambda k$$

$$L_{us} = \frac{\lambda k(k+1)}{2(\mu - \lambda k)}, \quad \mu > \lambda k$$

思考题

生灭过程在 Δt 时间内才能发生“不变、生、灭”状态变化，请指出本章中各个例题的 Δt 应该如何选取才能采用生灭过程建模。

第 5 章　多服务窗 Poisson 排队系统与扩展

本章讨论多个服务窗的 Poisson 排队系统模型 M/M/N 及其扩展，即系统的输入过程为 Poisson 流，服务时间服从负指数分布，有 N 个服务窗。本章将利用近代解析法与模拟法求出这种最简单的排队模型的系统的稳态特性指标。

5.1　多服务窗简单排队模型 M/M/N

本小节分析多服务窗 M/M/N 排队系统，M/M/N 排队系统如图 5.1 所示，其含义为：

(1) 该系统的输入过程 $\{M(t), t\geqslant 0\}$ 为 Poisson 流，平均到达速率为 λ (单位时间内的顾客数，$\lambda>0$)，其顾客源的个数为 ∞；

(2) 对每个顾客的服务时间 $\{v_n, n=1, 2, \cdots\}$ 相互独立并且都服从负指数分布，平均服务时间为 $E(v_n)=1/\mu$，其中 $\mu>0$，表示单位时间内服务完的平均顾客数目；

(3) N 个服务员；

(4) 系统容量为 ∞，一个顾客到达系统的时候，系统内若没有其它顾客，必可立即接受服务，而当 N 个顾客正在接受服务的时候，若有其它顾客到达系统，则这些到达顾客在队列中排队等待服务。

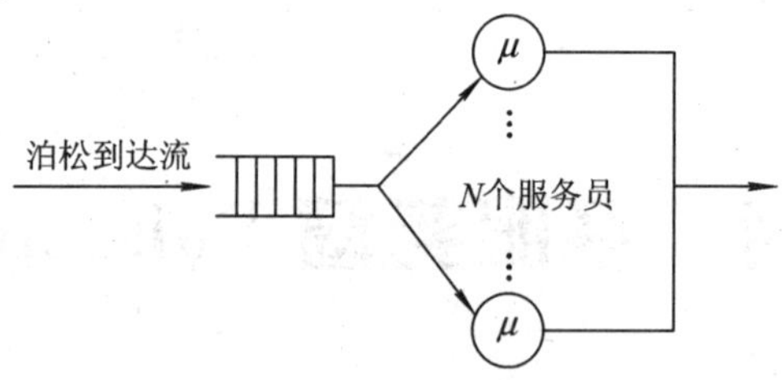

图 5.1　M/M/N 排队模型示意图

5.1.1　解析法

1. 把 M/M/N 看做生灭过程

依然遵从第 1 章的符号设定，设 $N(t)$表示 t 时刻系统的队长（总顾客数），由于系统容量为∞，故 $N(t)$的可能取值空间为 $I=\{0, 1, 2, \cdots\}$，$N(t)$的取值空间就是状态空间，系统可在这些状态之间变化，相邻状态就是相差不大于 1 的顾客数。系统中下一时刻顾客的数目只可能增加一个、减少一个或保持不变，也就是该随机过程的一步转移只能发生在相邻状态之间，或者说，用“生”表示顾客增加一个，“灭”表示顾客减少一个，如图 5.2 所示。

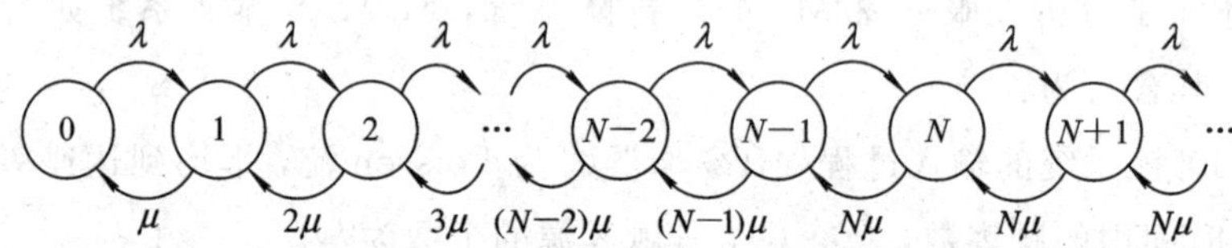

图 5.2　M/M/N 队列的状态转换图

假设该系统存在平稳分布，即系统处于各个状态的概率均存在，如表 5.1 所示。

表 5.1　M/M/k 排队模型的平稳状态分布

状态	0	1	…	$n-1$	n	$n+1$	…
概率	P_0	P_1	…	P_{n-1}	P_n	P_{n+1}	…

表 5.1 中，P_n 为系统处于状态 k 的概率，有

$$P_0 + P_1 + \cdots = 1$$

该式也称为概率归一化条件，即系统处于每个状态的概率之和为 1。

2. 由生灭过程求概率分布

根据平稳状态下概率守恒原理，对图 5.2 中的每个状态写出流量平衡方程，得到化简后每个状态的方程如下所示：

$$\eta_k = \eta_0 \prod_{i=0}^{k-1} \frac{\lambda}{(i+1)\mu} = \eta_0 \left(\frac{\lambda}{\mu}\right)^k \frac{1}{k!}, \quad k < N$$

$$\eta_k = \eta_0 \prod_{i=0}^{N-1} \frac{\lambda}{(i+1)\mu} \prod_{j=N}^{k-1} \frac{\lambda}{N\mu} = \eta_0 \left(\frac{\lambda}{\mu}\right)^k \frac{1}{N!N^{k-N}}, \quad k \geqslant N$$

令 $\rho = \dfrac{\lambda}{N\mu}$，稳定条件 $\rho < 1$。根据概率归一化条件，系统处于每个状态的概率之和为 1，可得

$$P_0 = \left[\sum_{k=0}^{N-1} \frac{(N\rho)^k}{k!} + \frac{(N\rho)^N}{N!} \frac{1}{1-\rho}\right]^{-1}$$

3. 由概率分布求 L_w 与 L_s

系统中顾客排队等待数量的均值 L_w 可由概率分布求得。这是因为，概率分布反应了系统中有 k 个人的概率，而当平均等待队长为 k 的时候，系统内有 $k+N$ 个人（k 个人排队等待，N 个人正在接受服务），因此 L_w 可由如下数学期望来描述：

$$L_w = \sum_{k=0}^{\infty} kP_k = N\rho + \rho \frac{(N\rho)^N}{N!} \frac{P_0}{(1-\rho)^2}$$

设随机变量 M 表示“忙”服务器的数量，则

$$P(M = k) = \begin{cases} P(Q = k) = \eta_k, & 0 \leqslant k \leqslant N-1 \\ P(Q \geqslant N) = \displaystyle\sum_{k=N}^{\infty} \eta_k = \frac{\eta_N}{1-\rho}, & k = N \end{cases}$$

因而平均忙的服务器数量为

$$L_s = \sum_{k=0}^{\infty} kP_k + \frac{NP_N}{1-\rho} = N\rho$$

注意到在该模型中，约定只有一个等候的队列，如果在每个服务窗口

都设置一个等候队列会怎么样呢？

例 5.1 在设计多处理器操作系统时，希望比较两个不同的排队方案，如图 5.3 所示（$N=2$）。比较的关键是它们的平均等待时间。

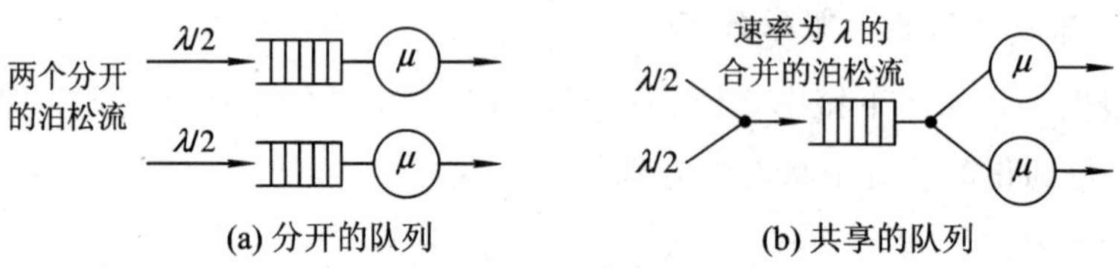

图 5.3 两种排队方案

第一个方案（图(a)）是两个无关的 M/M/1，$\rho=\dfrac{\lambda}{2\mu}$，根据前述知识得方案的平均等待时间为

$$T_{a_s}=\frac{2}{2\mu-\lambda}$$

第二个方案（图(b)）是 M/M/2，$\rho=\dfrac{\lambda}{2\mu}$，根据本小节的分析可得：

$$\begin{aligned}P_0&=\left[1+2\rho+\frac{(2\rho)^2}{2!}\,\frac{1}{1-\rho}\right]^{-1}\\&=\frac{1-\rho}{(1-\rho)(1+2\rho)+2\rho^2}\\&=\frac{1-\rho}{1+\rho}\end{aligned}$$

$$L_w=2\rho+\rho\,\frac{(2\rho)^2}{2!}\,\frac{P_0}{(1-\rho)^2}=\frac{2\rho}{1-\rho^2}$$

根据 Little 公式，第二个方案的平均等待时间为

$$T_{b_s}=\frac{4\mu}{4\mu^2-\lambda^2}$$

因此可以得到结论，共享队列方案好于分开队列方案。

例 5.2 仍然考虑两个完全一样的处理器来设计多处理器操作系统的问题。有两个不同的顾客流，它们到达的速率不同，分别是 $\lambda_1=20$ 和 $\lambda_2=15$，如图 5.4 所示。服务员对两类顾客的服务速率都为 $\mu=30$ 个/小时，则平均服务时间就是 $1/\mu=2$ 分钟$=1/30$ 小时。以平均等待时间为依据比较

两种方案的优劣。

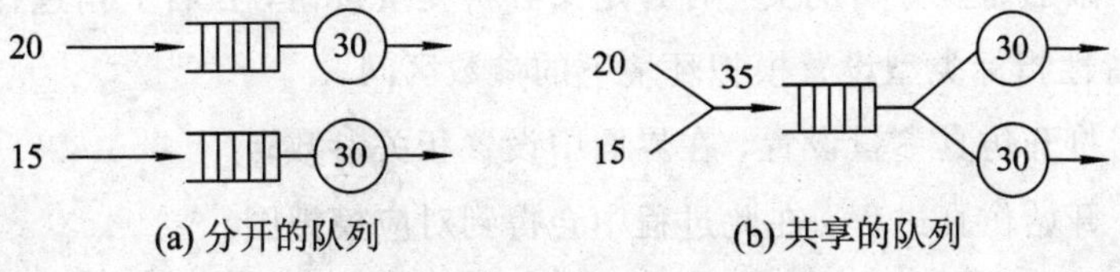

(a) 分开的队列　　(b) 共享的队列

图 5.4　两种排队方案

由题中已知条件可得

$$\rho_1 = \frac{\lambda_1}{\mu} = \frac{2}{3},\ \rho_2 = \frac{\lambda_2}{\mu} = \frac{1}{2},\ \rho = \frac{\lambda_1 + \lambda_2}{2\mu} = \frac{7}{12}$$

容易得到

$$T_{a1_s} = \frac{1/\mu}{1-\rho_1} = \frac{1/30}{1-2/3} = \frac{1}{10} = 0.1(\text{小时})$$

$$T_{a2_s} = \frac{1/\mu}{1-\rho_2} = \frac{1/30}{1-1/2} = \frac{1}{15} = 0.067(\text{小时})$$

$$T_{b_s} = \frac{1/\mu}{1-\rho^2} = \frac{1/30}{1-(7/12)^2} = 0.0505(\text{小时})$$

显然，共享队列方案好于分开队列方案。

比较的结果说明，尽管都是设置两个服务台，但由于采用不同的排队模型，其效果是不一样的。采用集中使用的方案(从而形成多服务台排队系统)要优于采用分散使用的方案(包括形式上在一起，实际上是分散使用的方案)，在经济术语中称之为“规模收益”。在考虑服务设施的布局与使用时，需要注意这一因素。

5.1.2　M/M/N 的模拟法

启动 JMT，进入界面后，选择 JSIMgraph，在菜单栏中的文件下拉菜单中点击创建一个新项目，建立一个 M/M/N 的排队模型。过程如下：

(1) 按照第 3 章的介绍，使用工具栏第二排提供的功能，选择 Source、Queue、Sink，并用连线将它们连起来；

(2) 点击 Queue，设置输入速率、系统容量等参数；

(3) 设置服务窗个数 N，并设置每个服务窗的服务速率；

(4) 添加需要分析的类，打开定义分析变量按钮，在右上角选择要分析的稳态特性指标类型设置模拟环境下的参数区间；

(5) 打开仿真参量设置，在界面中设置相关参数；

(6) 开始仿真过程。在此过程中会得到对应模拟图。

习题

(1) 请在 JMT 的 JSIMgragh 中对本节的例题进行模拟，并与解析结果相比对。

(2) 有一火车售票处，设有一个售票窗口，顾客到达为泊松流，平均到达率为 0.3 人/分。服务时间服从负指数分布，平均服务率为 0.4 人/分，试求服务系统的各项指标(服务强度、系统状态的概率、系统中平均顾客数量、顾客平均逗留时间、等待服务的顾客数量、顾客的平均等待时间等)和顾客逗留 15 分钟以上的概率。

(3) 设加油站有 3 台加油机，加油汽车的到达过程可认为是一个泊松过程，加油时间服从负指数分布。如果平均每小时有 30 辆汽车来加油，每一辆车的加油时间平均为 5 分钟，试求在加油站的平均汽车数量以及每一辆车从来到加油完成平均花费的时间。

5.2 服务窗口能力不等的 M/M/N

生活中经常可以看到这种情况：在某个多服务窗口排队系统中，各个服务员由于其业务熟练度不同或者其它原因，各自的服务速率有快有慢，对这种现象可构建服务窗口能力不等的排队模型。

本小节以服务窗口能力不等的 M/M/2 为例进行分析，其含义如下所示：

(1) 该系统的输入过程$\{M(t), t\geqslant 0\}$为 Poisson 流，平均到达速率为 λ (单位时间内的顾客数，$\lambda > 0$)，其顾客源的个数为∞；

(2) 两个服务员，每个服务员对每个顾客的服务时间$\{v_n, n=1, 2, \cdots\}$相互独立并且都服从负指数分布，假设 1 号窗口的服务员以速率 μ_1 进行服务，2 号窗口的服务员以速率 μ_2 进行服务，不妨假设 $\mu_1>\mu_2$；

(3) 系统容量为∞，一个顾客到达系统的时候，若两个窗口均空闲，则必可接受服务，假定顾客具有选择服务窗口的行为，选择 1 号和 2 号窗口请求服务的概率分别为 φ 和 $1-\varphi$。

1. 把服务窗口能力不等的 M/M/2 看做生灭过程

依然遵从第 2 章的符号设定，设 $N(t)$表示 t 时刻系统的队长(总顾客数)，由于系统容量为∞，故 $N(t)$的可能取值空间为 $I=\{0, 1, 2, \cdots\}$，$N(t)$的取值空间就是状态空间，系统可在这些状态之间变化，相邻状态就是相差不大于 1 的顾客数。系统中下一时刻顾客的数目只可能增加一个、减少一个或保持不变，也就是说，该随机过程的一步转移只能发生在相邻状态之间，或者说，用“生”表示顾客增加一个，“灭”表示顾客减少一个。

用 0 状态表示系统内没有顾客，两个窗口均空闲；10 状态表示系统内只有一个顾客，且在 2 号窗口接受服务，1 号窗口空闲；01 状态表示系统只有一个顾客，且在 1 号窗口接受服务，2 号窗口空闲；$i(i>2)$状态表示系统内有 i 位顾客，其中两位在 1、2 号窗口接受服务，其余则排队等候。系统的状态流图如图 5.5 所示，图中 $\mu=\mu_1+\mu_2$。

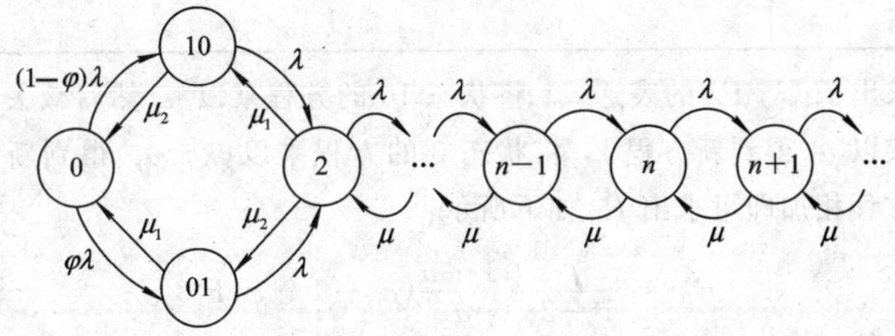

图 5.5　服务窗口能力不等的 M/M/2 排队模型状态流图

假设该系统存在平稳分布，即系统处于各个状态的概率均存在，如表 5.2 所示。

表 5.2 服务窗口能力不等的 M/M/2 排队模型的平稳状态分布

状态	0	10	01	2	…	n	…
概率	P_0	P_{10}	P_{01}	P_2	…	P_n	…

表 5.2 中有

$$P_0 + P_{10} + P_{01} + P_2 + P_3 + \cdots = 1$$

该式也称为概率归一化条件，即系统处于每个状态的概率之和为 1。

2. 由生灭过程求概率分布

根据平稳状态下概率守恒原理，对图 5.5 中的每个状态写出流量平衡方程，得到每个状态的概率守恒方程如表 5.3 所示。

表 5.3 各个状态概率守恒方程

名　称	流出=流入
状态 0	$\lambda P_0 = \mu_2 P_{10} + \mu_1 P_{01}$
状态 10	$\mu_2 P_{10} + \lambda P_{10} = (1-\varphi)\lambda P_0 + \mu_1 P_2$
状态 01	$\mu_1 P_{01} + \lambda P_{01} = \varphi\lambda P_0 + \mu_2 P_2$
状态 2	$\mu_1 P_2 + \mu_2 P_2 + \lambda P_2 = \lambda P_{10} + \lambda P_{01} + \mu P_3$
状态 3	$\mu P_3 + \lambda P_3 = \lambda P_2 + \mu P_4$
⋮	⋮
状态 n	$\mu P_n + \lambda P_n = \lambda P_{n-1} + \mu P_{n+1}$
⋮	⋮

为求出 P_{10} 与 P_{01} 的表达式，将状态 10 的方程乘以 μ_2 然后减去状态 01 的方程乘以 μ_1 得到新方程 1，将状态 0 的方程乘以 $(\lambda+\mu_1)$ 得到新方程 2，将两个方程相加即可求出 P_{10} 如下所示：

$$P_{10} = \frac{\rho_1}{1+2\rho_1}\frac{1+a}{a}(\rho_1 + 1 - \varphi)P_0$$

类似地可得

$$P_{01} = \frac{\rho_1}{1+2\rho_1}(1+a)(\rho_1 + \varphi)P_0$$

其中，$\rho_1 = \dfrac{\lambda}{\mu}$，$a = \dfrac{\mu_2}{\mu_1}$。易得

$$P_2 = \frac{\rho_1^2}{1+2\rho_1}\frac{1+a}{a}[1+(1+a)\rho_1-(1-a)\varphi]P_0-\rho_1(P_{10}+P_{01})$$

$$P_n = \rho_1 P_{n-1} = \frac{\rho_1^n}{1+2\rho_1}\frac{1+a}{a}[1+(1+a)\rho_1-(1-a)\varphi]P_0,\ n>2$$

根据概率归一化条件，所有状态的概率之和为 1，可得

$$1 = P_0 + P_{10} + P_{01} + P_2 + P_3 + \cdots$$

易得

$$P_0 = \frac{1-\rho_1}{1+\rho_1[1+(1+a^2)\rho_1-(1-a^2)\varphi]/a(1+2\rho_1)}$$

3. 由概率分布求 L 与 L_w

系统中顾客总数量的均值 L 可由概率分布求得。这是因为，概率分布反应了系统中有 k 个人的概率，因此 L 可由如下数学期望来描述：

$$\begin{aligned} L &= P_{10} + P_{01} + \sum_{k=2}^{\infty} kP_k \\ &= \frac{\rho_1(1+a)}{1-\rho_1}\frac{1+(1+a)\rho_1-(1-a)\varphi}{a(1+2\rho_1)+\rho_1[1+(1+a^2)\rho_1-(1-a^2)\varphi]} \end{aligned}$$

系统中平均排队的人数 L_w 也可由概率分布求得：

$$L_w = \sum_{k=3}^{\infty}(k-2)P_k$$

具体的计算结果此处略。

习题

请在 JMT 中模拟一个简单的服务速率可变的 M/M/2，并与解析结果相比对。

5.3 具有不耐烦顾客的 M/M/N 排队模型

某个多服务窗 M/M/N 排队系统，顾客到达后发现 N 个窗口都在忙，则排队等候服务。如果等候排队的队伍很长或者服务窗工作效率较低，有

可能部分排队等候的顾客出现烦躁情绪，甚至有顾客离开队伍去别处寻求服务。例如某银行存取款，某餐馆等候吃饭等排队系统均可能出现上述不耐烦顾客。

本小节以具有不耐烦顾客的 M/M/N 为例进行分析，其含义如下所示：

(1) 该系统的输入过程$\{M(t), t\geqslant 0\}$为 Poisson 流，平均到达速率为λ(单位时间内的顾客数，$\lambda>0$)，其顾客源的个数为∞，顾客到达后加入队列排队，顾客具有不耐烦特性，本例中假设若顾客离开队伍的强度与队列长度k有关，即到达系统后发现已经有k个顾客正在排队等候，则以速率$k\Delta(\Delta>0)$按泊松流离开队伍另求服务；

(2) N个服务员，每个服务员对每个顾客的服务时间$\{v_n, n=1, 2, \cdots\}$相互独立并且都服从负指数分布，每个服务员的平均服务时间为$E(v_n)=1/\mu$，其中$\mu>0$，表示单位时间内服务完的平均顾客数目；

(3) 系统容量为∞。

依然遵从第 2 章的符号设定，设$N(t)$表示t时刻系统的队长(总顾客数)，由于系统容量为∞，故$N(t)$的可能取值空间为$I=\{0, 1, 2, \cdots\}$，$N(t)$的取值空间就是状态空间，系统可在这些状态之间变化，相邻状态就是相差不大于 1 的顾客数。系统中下一时刻顾客的数目只可能增加一个、减少一个或保持不变，也就是说，该随机过程的一步转移只能发生在相邻状态之间，或者说，用“生”表示顾客增加一个，“灭”表示顾客减少一个。

显然，“生”的速率为λ；注意到顾客的不耐烦特性，顾客到达系统后发现已经有k个顾客正在排队等候，此时系统中有$n+k$个顾客，则以速率$k\Delta$按泊松流离开队伍另求服务，因此“灭”的速率如图 5.6 所示。

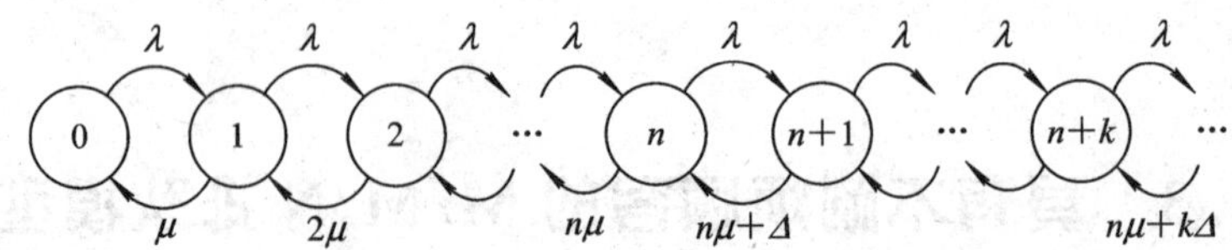

图 5.6　具有不耐烦顾客的 M/M/N 排队模型的状态流图

假设该系统存在平稳分布，即系统处于各个状态的概率均存在，如表 5.4 所示。

表 5.4　具有不耐烦顾客的 M/M/1 排队模型的平稳状态分布

状态	0	1	…	$k-1$	k	$k+1$	…
概率	P_0	P_1	…	P_{k-1}	P_k	P_{k+1}	…

表 5.4 中有

$$P_0+P_1+\cdots=1$$

该式也称为概率归一化条件，即系统处于每个状态的概率之和为 1。

根据平稳状态下概率守恒原理，对图 5.6 中的每个状态写出流量平衡方程，得到每个状态的概率守恒方程如表 5.5 所示。

表 5.5　各个状态概率守恒方程($\beta=\Delta/\mu$)

名称	流出＝流入	化简后的方程
状态 0	$\lambda P_0=\mu P_1$	$P_1=\rho P_0$
状态 1	$\mu P_1+\lambda P_1=\lambda P_0+2\mu P_2$	$P_2=\frac{\rho^2}{2!}P_0$
⋮	⋮	⋮
状态 $n-1$	$(n-1)\mu P_{n-1}+\lambda P_{n-1}=\lambda P_{n-2}+n\mu P_n$	$P_n=\frac{\rho^n}{n!}P_0$
状态 n	$n\mu P_n+\lambda P_n=\lambda P_{n-1}+(n\mu+\Delta)P_{n+1}$	$P_n=\frac{\rho^{n+1}}{n!\,(n+\beta)}P_0$
⋮	⋮	⋮
状态 $n+k-1$	$(n\mu+(k-2)\Delta)P_{n+k-1}+\lambda P_{n+k-1}$ $=\lambda P_{n+k-2}+(n\mu+(k-1)\Delta)P_{n+k}$	$P_{n+k}=\frac{\rho^{n+k}}{n!\,(n+\beta)(n+2\beta)\cdots(n+k\beta)}P_0$
⋮	⋮	⋮

表 5.5 中，$\beta=\Delta/\mu$，$\rho=\lambda/\mu$。根据概率归一化条件，所有状态的概率之和为 1，可得

$$P_0+P_1+\cdots+P_k+\cdots=1$$

因此求得

$$P_0 = \left[\sum_{k=0}^{n} \frac{(n\rho)^k}{k!} + \sum_{k=n+1}^{\infty} \frac{n^n \rho^k}{n!(1+\beta/n)(1+2\beta/n)\cdots[1+(k-n)\beta/n]} \right]^{-1}$$

因为继续求解涉及到复杂级数的求和与不等式方法，因此我们的解析求解到此为止。

习题

(1) 请在 JMT 中对具有不耐烦顾客的 M/M/N 进行模拟。

(2) 考虑具有不耐烦顾客的 M/M/2/12，请读者自行构造合理的参数求解，并在 JMT 中进行模拟，与解析结果相比较。(提示：本小节采用的级数求和方法很繁琐，可列出状态转移矩阵，参考马尔可夫链中介绍的方法，列出线性方程组求解，线性方程组的求解可在 Matlab 中完成。)

第 6 章　非马尔可夫排队系统

前面讨论了按 Poisson 流到达并且服务时间服从负指数分布的排队系统，其特点在于任何时刻系统都具有优秀的马尔可夫特性，能比较容易地求得队列的平稳分布。但是并不是所有的排队系统都具有马尔可夫特性，而是在某些特殊的随机时刻，系统才有可能具有马尔可夫特性。称这种随机时刻点为再生点。利用再生点，可以将一般的排队系统转化为马尔可夫链，从而可以用前面章节的方法进行求解，这种方法称做嵌入式马尔可夫链(Embeded Markov Chain，EMC)方法。本章先简单介绍嵌入式马尔可夫方法，然后以 M/G/1 为例求解其平稳状态下的数量指标，最后给出判断一个排队系统是否是马尔可夫系统的方法。

6.1　嵌入式马尔可夫解析方法

考虑图 6.1 中所示的一个连续时间马尔可夫链 CTMC$\{X(t)，t\geqslant 0\}$的采样函数，得到的随机序列$\{Y_n，n\geqslant 0\}$是一个离散时间马尔可夫链 DTMC，称为随机过程 $X(t)$的嵌入式马尔可夫链 EMC。

图 6.1 中的马尔可夫链的转移概率 r_{ij}定义为

$$r_{ij} = P\{Y_{n+1} = j \mid Y_n = i\}$$

对于所有的时间 t，有

$$r_{ij} = P\{X[t+\phi(t)] = j \mid X(t) = i\}$$

应用 CTMC 的特性易得

$$P\{Y_{n+1} = j, \theta_{n+1} - \theta_n > \tau \mid Y_n = i\} = r_{ij}\,e^{q_{ii}\tau}, \qquad \tau \geqslant 0$$

且通过一个转换速率 q_{ij} 的函数，可以获得转移概率 r_{ij}。对一个遍历的

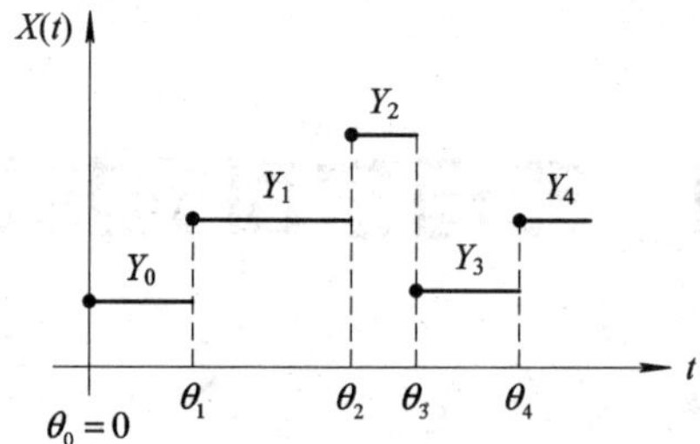

图 6.1　一个可以推导出 EMC 的连续时间马尔可夫链的采样函数

CTMC，有

$$r_{ij}=\begin{cases}-\dfrac{q_{ij}}{q_{ii}}, & i\neq j\\ 0, & i=j\end{cases}$$

如果 CTMC$\{X(t),t\geqslant 0\}$是遍历的，则 DTMC$\{Y_n,n\geqslant 0\}$是不可约的和常返的，且随机过程 $X(t)$的稳定状态分布可由序列 Y_n 的平稳分布决定。令

$$\eta_j^{(X)}=\lim_{t\to\infty}P\{X(t)=j\}$$

$\eta_j^{(Y)}$ 值可由下列线性方程组解得(该方程组给出了 DTMC$\{Y_n,n\geqslant 0\}$的平稳分布)：

$$\begin{cases}\eta_j^{(Y)}=\sum\limits_{i\in S}\eta_i^{(Y)}r_{ij}\\ \sum\limits_{i\in S}\eta_i^{(Y)}=1\end{cases}$$

则 CTMC$\{X(t),t\geqslant 0\}$的稳定状态概率为

$$\eta_j^{(X)}=\frac{\left(\dfrac{\eta_j^{(Y)}}{-q_{jj}}\right)}{\sum\limits_{i\in S}\left(\dfrac{\eta_i^{(Y)}}{-q_{ii}}\right)}=\frac{\left(\dfrac{1}{-q_{jj}}\right)}{\sum\limits_{i\in S}\left(\dfrac{\eta_i^{(Y)}}{[-q_{ii}\eta_j^{(Y)}]}\right)}=\frac{E[SJ_j^{(X)}]}{\sum\limits_{i\in S}v_{ij}E[SJ_i^{(X)}]}$$

其中，$E[SJ_j^{(X)}]$是从随机过程 $X(t)$测得的在状态 j 的平均逗留时间，v_{ij} 是相对于 EMC 的访问比率。因此，一个 CTMC 中的任何状态 j 的稳定状态概率可由在状态 j 的平均逗留时间与访问比率 v_{ij} 乘以所有状态 j 的平均逗留时间的乘积和的比率获得。访问比率 v_{ij} 是过程在连续两次访问状态 j 之

间的平均访问状态 i 的次数(参考 DTMC 一节的定义)。注意，这里是在考虑过程的一个部分：从进入状态 j 开始，而刚好在下一次进入状态 j 之前结束的期间，叫做过程的一个周期。状态 j 的稳定状态概率可由每个周期花费在状态 j 的平均时间除以平均周期时间获得。

嵌入式马尔可夫链是在排队论发展过程中出现的一类马尔可夫链。泊松过程是具有负指数间隔的计数过程，可以形成马尔可夫链。因此在利用泊松分布、指数分布的排队系统 M/M/1(M 顾客到达为泊松流/M 对顾客服务为指数分布/1 个服务员)模型中，n 时刻在窗口前排队的顾客数$\{X_n\}$(X_n 的集合是以时间为参量的概率变量的集合)与 $n-1$ 时刻以前的到达无关，故$\{X_n\}$是一个马尔可夫过程。

然而对 G/M/1(G 顾客到达服从通用分布/M 对顾客服务的时间服从指数分布/1 个服务员)，任意 n 时刻在窗口前排队的顾客$\{X_n\}$不能形成马尔可夫链。其原因是每一时刻顾客的到达不是泊松到达，n 时刻到达的顾客与 n 时刻以前的(过去的)所有到达有关。这就使得 G/M/1 问题难于解析。然而若设某一顾客(比如第 k 个顾客)到达以前的时刻(用 n_k 表示)在窗口排队的顾客数目为$\{X_{nk}\}$，那么 X_{nk} 的值完全取决于服务分布，即在 n_k 时刻排队的顾客的转移概率仅由服务分布决定。因为服务分布是指数型，满足无后效性，所以概率变量 X_{nk} 能形成马尔可夫链。也就是说，对一般 n 时刻的概率变量$\{X_n\}$不能形成马尔可夫链，但如果取以上所说的这样一类特殊时刻的概率变量$\{X_{nk}\}$，则能形成马尔可夫链，这类马尔可夫链就是嵌入式马尔可夫链。能够形成马尔可夫链的时点称为再生点(regeneration point)或嵌入点(embedded point)。

同样，对于 M/G/1(M 顾客到达服从指数分布/G 为顾客服务的时间服从通用分布/1 个服务员)，无后效性的优点不能通过服务时间方面获得。我们可以不在任意一个时刻考虑队列变化，而是选择顾客离去时间来考虑队列变化。设某一顾客(比如第 k 个顾客)服务结束的时刻(用 n_k 表示)在窗口排队的顾客数目为$\{X_{nk}\}$，那么 X_{nk} 的值完全取决于到达分布，即在时刻 n_k 排队的顾客的转移概率仅由到达分布决定。因为到达是泊松到达，满足无后效性，所以概率变量 X_{nk} 能形成马尔可夫链，即嵌入式马尔可夫链。

马尔可夫链只能应用于泊松到达和指数服务的场合，其应用范围有限。嵌入式马尔可夫链扩展了马尔可夫链在排队论中的应用范围，使用它能研究各种排队模型，求解它们的平衡条件、队列长度分布等，对排队论的发展起了很大作用。

6.2 平稳状态下 M/G/1 的数量指标

1. 从 M/G/1 到嵌入式 MC

考虑这样的单服务员队列系统：其顾客到达过程是泊松过程，平均到达速率为 λ，顾客服务时间是任意的独立同分布的随机变量，其均值 $T_s=1/\mu$，方差为 $\sigma_{T_s}^2$，对顾客的服务规则是 FCFS。这样的系统是 M/G/1 队列系统。如果设服务时间服从参数为 μ 的指数分布，那么就得到了 M/M/1 队列系统。如果设服务时间服从常数分布，那么就得到了 M/D/1 队列系统。

$Q(t)$是在时间 t 时，系统中顾客的数量(包括队列中等待的和正在接受服务的)，如果 $Q(t)\geqslant 1$，就表明系统中有一个顾客在接受服务。由于一般服务规则不一定具有无记忆性，因此为了预测系统未来的行为，除了 $Q(t)$，还需要知道顾客接受服务所花费的时间信息。此情况下，$\{Q(t),\ t\geqslant 0\}$不是 MC。

下面是简化系统的描述和分析，采用嵌入式 MC：

- 在顾客离开系统的时间点对系统进行过程采样。
- 顾客离开系统的时间点叫做再生点或重新产生点(regeneration points)，用这些再生点来规定时间索引集合，形成一个新的随机过程。
- 令 $t_n(n=1,2,\cdots)$是第 n 个顾客离开系统的时间点。
- 定义新随机过程 X_n 是在 t_n 时刻系统中顾客的数量，即

$$X_n=Q(t_n),\ n=1,2,\cdots$$

- 随机过程$\{X_n,\ n=1,2,\cdots\}$是离散时间 MC，是连续时间随机过程$\{Q(t),\ t\geqslant 0\}$的嵌入式 MC。

其原因可以解释如下。

嵌入式 MC 方法可以简化分析，因为它可以将一个非马尔可夫问题转化为马尔可夫问题进行求解。我们可以使用嵌入式马尔可夫链的极限分布作为原过程 $Q(t)$ 的一个度量，因为可以证明，在任意时间点观察到的顾客数量 $Q(t)$ 的极限分布与在离开系统的时间点观察到的顾客数量的极限分布完全相同，则两个随机过程的稳定状态概率为

$$\lim_{t\to\infty}P[Q(t)=k]=\lim_{n\to\infty}P(X_n=k)$$

对于 $n=1, 2, \cdots$，在第 n 个顾客接受服务期间，到达的新顾客数量是 Y_n。在第$(n+1)$个顾客离开系统的瞬间时刻，队列中的顾客数量为

$$X_{n+1}=\begin{cases} X_n-1+Y_{n+1}, & X_n>0 \\ Y_{n+1}, & X_n=0 \end{cases}$$

在第$(n+1)$个顾客离开系统的瞬间时刻，队列中的顾客数量依赖于第$(n+1)$个顾客在第 n 个顾客离开时是否已在队列中排队。

① 如果 $X_n=0$，则下一个到来的顾客就是第$(n+1)$个顾客；在此顾客接受服务期间，Y_{n+1} 个新顾客到达队列，然后该第$(n+1)$个顾客在 t_{n+1} 时刻离开，在其后面留下了 Y_{n+1} 个等待服务的顾客。

② 如果 $X_n>0$，则第$(n+1)$个顾客离开系统的瞬间时刻，他后面队列中的顾客数量等于：在 t_n 时刻系统中顾客的数量 X_n 减去 1(当前第$(n+1)$个顾客离开系统)，并加上第 $n+1$ 个顾客接受服务期间到达的新顾客数量 Y_{n+1}，即 X_n-1+Y_{n+1}。

由于 Y_{n+1} 与 $X_1, X_2, \cdots, X_n$ 无关；又由于 X_{n+1} 与 $X_1, X_2, \cdots, X_{n-1}$ 无关，仅与 X_n 有关，因此，$\{X_n, n=1, 2, \cdots\}$是离散时间 MC，易得该 MC 的转移概率为

$$p_{ij}=P(X_{n+1}=j\mid X_n=i)$$

$$p_{ij}=\begin{cases} P(Y_{n+1}=j-i+1), & i\neq 0, j\geqslant i-1 \\ P(Y_{n+1}=j), & i=0, j\geqslant 0 \\ 0, & \text{其它} \end{cases}$$

既然所有顾客在统计上都是完全相同的，我们希望 Y_n 具有概率密度函数为 $P(Y_{n+1}=j)=a_j$ 的相同的分布，使得 $\sum_{j=1}^{\infty}a_j=1$，则$\{X_n, n=1,2,\cdots\}$

的无限维转移概率矩阵为

$$P = \begin{bmatrix} a_0 & a_1 & a_2 & a_3 & \cdots \\ a_0 & a_1 & a_2 & a_3 & \cdots \\ 0 & a_0 & a_1 & a_2 & \cdots \\ 0 & 0 & a_0 & a_1 & \cdots \\ 0 & 0 & 0 & a_0 & \cdots \\ \cdot & \cdot & \cdot & \cdot & \cdots \end{bmatrix}$$

过程在状态 j 的稳定状态概率为

$$\eta_j = \lim_{n\to\infty} \boldsymbol{P}(X_n = j)$$

使用矩阵求解公式 $\eta = \eta\boldsymbol{P}$ 求得

$$\eta_j = \eta_0 a_j + \sum_{i=1}^{j+1} \eta_i a_{j-i+1}$$

2. M/G/1 的数量指标

M/G/1 队列模型中，已知顾客服务时间的均值 $T_s = 1$，方差为 $\sigma_{T_s}^2$，二阶矩为 $\boldsymbol{E}(T_s^2)$，则 $\boldsymbol{E}(T_s^2) = \sigma_{T_s}^2 + T_s^2 = \sigma_{T_s}^2 + \left(\frac{1}{\mu}\right)^2$。美国数学家泊拉前克和苏联学者辛钦各自独立地得到了 M/G/1 队列模型的效率指标。

顾客等待服务的平均时间：

$$T_w = \frac{\rho T_s}{2(1-\rho)}\left[1 + \left(\frac{\sigma_{T_s}}{T_s}\right)^2\right]$$

排队等待服务的顾客平均数量：

$$L_w = \frac{\rho^2}{2(1-\rho)}\left[1 + \left(\frac{\sigma_{T_s}}{T_s}\right)^2\right]$$

上述公式亦被称为泊拉前克-辛钦公式(Pollaczek-Khintchine formulae)。

6.3 马尔可夫排队系统的统计推断

在前述章节中，我们都是假定系统的输入过程为 Poisson 流，服务时间服从独立负指数分布。然而，对于一个给定的实际排队系统，如何判断是否满足这两个要求呢？一般来说，在没有先验知识的条件下，只能通过观察，然后对观察的数据进行统计推断来解决。这就是排队系统的统计推断问题。

排队系统的统计推断属于数理统计范畴。它需要判断到达时间间隔、服务时间、等待时间等服从什么类型的分布；需要判断相继到达时间间隔是否独立同分布，到达过程与服务过程是否独立；判断是否到达统计平衡，或者还需要多少时刻才能到达统计平衡；相继到达时间间隔或者服务时间的分布类型是否随时间变化。其中独立性问题通常可以根据系统本身的物理意义去验证。本节仅介绍负指数模型与 Poisson 流的统计推断方法，具体的理论模型不再详细介绍。

1. 负指数模型的检验方法

下面给出了检验给定样本是否来自负指数总体的分布拟合度检验方法。

(1) 已知样本观察值 x_1, x_2, …, x_n，按照大小顺序排列 $X_{(1)} \leqslant X_{(2)} \leqslant \cdots \leqslant X_{(n)}$。

(2) 取 $X_{(1)}=0$，分别计算 $s_j=(n-j+1)(X_{(j)}-X_{(j-1)})$，$j=1,2,\cdots,n$ 及 F 值：

$$F=\frac{\dfrac{\sum\limits_{j=1}^{r} s_j}{r}}{\dfrac{\sum\limits_{j=r+1}^{n} s_j}{n-r}}$$

其中 $r=n/2$。

(3) 对于给定的水平 α，若上述计算的 F 落在区间$(-F_{\alpha/2}(2r,\ 2(n-r)),\ F_{1-\alpha/2}(2r,\ 2(n-r)))$内，则在 α 水平下接收 H_0，即认为上述样本来自负指数模型总体，否则，拒绝 H_0。

若已知某样本来自负指数模型总体，即对于给定的负指数总体 X，其分布函数为 $F(x)=1-\mathrm{e}^{-\lambda x}$，$x \geqslant 0$，则可用极大似然估计量来推断未知参数

λ 的估计值：

$$\bar{\lambda} = \frac{n}{\sum_{j=1}^{n} x_j}$$

这是因为其似然函数为

$$L_n(x_1, x_2, \cdots, x_n, \lambda) = \prod_{j=1}^{n} f(x_j, \lambda) = \lambda^n e^{-\lambda \sum_{j=1}^{n} x_j}$$

等式两边取对数得

$$\ln L_n(x_1, x_2, \cdots, x_n, \lambda) = n \ln\lambda - \lambda \sum_{j=1}^{n} x_j$$

解方程$\frac{\partial}{\partial\lambda} \ln L_n(x_1, x_2, \cdots, x_n, \lambda)=0$ 即可得到上述结果。

2. Poisson 流的定时结束检验方法

(1) 对一个顾客流，首先确定一个较大的观察结束时刻 t，然后观察在时间间隔$[0, t]$内到达的顾客数量，记为 n，并记录其相应到达时刻，设为 $s_1 < s_2 < \cdots < s_n < t$。

(2) 计算

$$U = \sqrt{12n}\left(\frac{1}{nt}\sum_{j=1}^{n}\left(s_j - \frac{1}{2}\right)\right)$$

(3) 对于给定的水平 α，由 $N(0, 1)$表可查双侧 α 分位点 $z_{\alpha/2}$，若上述计算的 U 落在区间$(-z_{\alpha/2}, z_{\alpha/2})$内，则在水平 α 下接收 H_0，即认为上述样本来自 Poisson 流总体，或认为所观察的顾客流可确认为 Poisson 流，否则，拒绝 H_0。

上述方法的原理可解释如下。

若假设 H_0：$\{M(t), t \geqslant 0\}$ 为 Poisson 流，则$(s_1, s_2, \cdots s_n)$与$(U_{(1)}, U_{(2)}, \cdots U_{(n)})$有相同的分布，其中 $U_{(1)} \leqslant U_{(2)} \leqslant \cdots \leqslant U_{(n)}$ 是 $U_1, U_2, \cdots, U_n$ 的顺序统计量，而 $U_1, U_2, \cdots, U_n$ 独立同均匀分布，并有 $E(U_t) = \frac{t}{2}$，$D(U_t) = \left(\frac{t}{\sqrt{12}}\right)^2$。考虑到 U_t 虽然与 $U_{(t)}$ $(j=1, 2, \cdots, n)$不一定相等，但是

却有 $\sum_{j=1}^{n} U_j = \sum_{j=1}^{n} U_{(j)}$，故当 n 较大时($n \geqslant 6$)，由中心极限定理可得

$$U = \frac{\frac{1}{n}\sum_{j=1}^{n}\left(U_j - \frac{1}{2}\right)}{\frac{t}{\sqrt{12n}}} = \sqrt{12n}\left(\frac{1}{nt}\sum_{j=1}^{n}\left(U_j - \frac{1}{2}\right)\right)$$

$$= \sqrt{12n}\left(\frac{1}{nt}\sum_{j=1}^{n}\left(s_j - \frac{1}{2}\right)\right)$$

它渐进于 $N(0, 1)$。于是对给定的水平 α，记 $z_{\alpha/2}$ 为标准正态变量 U 双侧 α 百分位点，即应有

$$P(|U| > z_{\alpha/2}) = \alpha$$

3. Poisson 流的定数结束检验方法

(1) 对一个顾客流，首先确定一个较大的数 n，并记录顾客相继到达系统的时刻，设为 $s_1 < s_2 < \cdots < s_n$。

(2) 计算 $V = \sqrt{12(n-1)}\left(\frac{1}{(n-1)s_n}\sum_{j=1}^{n-1}\left(s_j - \frac{1}{2}\right)\right)$。

(3) 对于给定的水平 α，由 $N(0, 1)$表可查双侧 α 分位点 $z_{\alpha/2}$，若上述计算的 V 落在区间$(-z_{\alpha/2}, z_{\alpha/2})$内，则在水平 α 下接收 H_0，即认为所观察的顾客流为 Poisson，否则，拒绝 H_0。

上述方法的原理与定时结束检验类似，此处从略。

例 6.1　某工厂有大批同类机床，机床发生故障可视为顾客的到达，现对该故障流做定数结束统计检验，取 $n=6$，并记录到故障的相继发生时刻分别为

194，209，250，279，312，493　　(小时)

试以水平 $\alpha=0.05$ 来判断该故障流是否为 Poisson 流。

解　取 $\alpha=0.05$，查表的双侧 α 分位点 $z_{\alpha/2}=1.96$，计算当 $n=6$ 时的 V 值：

$$V = \sqrt{12(n-1)}\left(\frac{1}{(n-1)s_n}\sum_{j=1}^{n-1}\left(s_j - \frac{1}{2}\right)\right) = 0.036$$

由于 V 落在区间$(-1.96, 1.96)$内，故该故障流可认为是 Poisson 流。

习题

(1) 用C语言或者Matlab编制负指数检验通用代码，判断给定样本是否服从负指数分布，并推断负指数参数 λ。

(2) 用C语言或者Matlab编制Poisson流检验通用代码，并对上述例子进行验证。

第 7 章　简单排队系统分析与优化

本章首先对简单排队系统的常用公式进行总结，然后给出一些实际的应用分析，最后介绍排队系统的最优化设计。

7.1　简单排队系统模型比较与公式表

表 7.1 列出了单服务员排队的一些公式。其中 $m_x(r)$ 表示在 $r\%$ 的时间，x 发生值小于此值，又称为第 r 百分数(the r-th percentile)。

表 7.1　单服务员队列公式表

假设：
(1) 泊松到达。 (2) 服务规则对于服务时间长短不作区分。 (3) 标准差的公式假定先入先出的服务。 (4) 没有顾客从队列中被丢弃。
一般服务时间(M/G/1)
$B=\frac{1}{2}\left[1+\left(\frac{\sigma_{T_s}}{T_s}\right)^2\right]$ $L=\rho+\frac{\rho^2 B}{1-\rho}$ $L_w=\frac{\rho^2 B}{1-\rho}$ $T_{ws}=T_s+\frac{\rho T_s B}{1-\rho}$ $T_w=\frac{\rho T_s B}{1-\rho}$

续表

指数服务时间(M/M/1)
$L=\frac{\rho}{1-\rho}$，$L_w=\frac{\rho^2}{1-\rho}$ $T_{ws}=\frac{T_s}{1-\rho}$，$T_w=\frac{\rho T_s}{1-\rho}$ $P\{L=N\}=(1-\rho)\rho^N$，$P\{L\leqslant N\}=\sum_{i=0}^{N}(1-\rho)\rho^i$，$P\{T_{ws}\leqslant t\}=1-\mathrm{e}^{-(1-\rho)t/T_s}$ $m_{T_{ws}}(r)=T_{ws}\times\ln\left(\frac{100}{100-r}\right)$，$m_{T_w}(r)=\frac{T_w}{\rho}\times\ln\left(\frac{100\rho}{100-r}\right)$
常数服务时间(M/D/1)
$L=\frac{\rho^2}{2(1-\rho)}+\rho$，$L_w=\frac{\rho^2}{2(1-\rho)}$ $T_{ws}=\frac{T_s(2-\rho)}{2(1-\rho)}$，$T_w=\frac{\rho T_s}{2(1-\rho)}$

注意到表格中 M/G/1 队列使用了规模系数 B 使得公式变得更加简明。B 中的关键要素是，使用了服务时间标准离差 σ_{T_s} 和平均值 T_s 的比值。有两种特殊情况：当标准差等于均值时，服务时间的分布是指数分布，队列模型变成 M/M/1 队列；当服务时间的标准差等于 0 时，队列模型变成 M/D/1 队列。这提示我们可以通过分析服务时间标准离差 σ_{T_s} 和平均值 T_s 的比值来研究排队系统。

考虑 4 个比值(σ_{T_s}/T_s)的情况：

• 零：对应常数服务时间，例如，在 ATM 网络中，传输的信元是等长。

• 比值小于 1：性能好于指数服务时间的情况，从 M/M/1 队列模型得到的队列大小和排队时间比此情况下的实际结果要大一些，因此 M/M/1 队列模型为此种情况提供性能安全界限。填某种表格的数据录入应用就属于这一类的例子。

• 比值接近于 1：这是经常发生的情况，相应于指数服务时间。服务时间是随机的，有完全的变化范围。考虑发给一台计算机终端的报文长度：全屏可能有 1920 个字符，而报文的大小可能在空屏到全屏之间变化。机票预订、响应式文件查询、共享局域网、分组交换网等都属于这种情况。

• 比值大于 1：此时必须使用 M/G/1 模型，而不能依赖于 M/M/1 模型。此时服务时间集中于很短和很长两个极端，比如有的系统可能遇到很多短报文和许多长报文，而中等长度的报文却很少。

表 7.2 列出了一些多服务员情况下的关键参数的公式。表的假定条件比较严格，且适用范围仅限于 M/M/N 队列模型，其中 N 个服务员的指数服务时间是完全相同的。

表 7.2　多服务员队列公式表

假设：

(1) 泊松到达速率。

(2) 指数分布的服务时间。

(3) 所有服务员负载相等。

(4) 所有服务员的平均服务时间相同。

(5) 先入先出的服务规则。

(6) 没有顾客从队列中被丢弃。

$K = \dfrac{\sum_{I=0}^{N-1} \dfrac{(N\rho)^I}{I!}}{\sum_{I=0}^{N} \dfrac{(N\rho)^I}{I!}}$，泊松比率函数

Erlang C 函数 = 所有服务员都忙的概率 $C = \dfrac{1-K}{1-\rho K}$

$L = C\dfrac{\rho}{1-\rho} + N\rho$，$L_w = C\dfrac{\rho}{1-\rho}$，$T_{us} = \dfrac{C}{N}\dfrac{T_s}{1-\rho} + T_s$，$T_w = \dfrac{C}{N}\dfrac{T_s}{1-\rho}$

$P\{T_w > t\} = Ce^{-N(1-\rho)t/T_s}$，$m_{T_w}(r) = \dfrac{T_s}{N(1-\rho)}\ln\left(\dfrac{100C}{100-r}\right)$

表 7.2 中，Erlang C 公式几乎出现在所有的表达式中，它描述了在一个给定的时刻所有服务员都忙的概率，即系统中的顾客数(排队的和正在接

受服务的)大于或等于服务员数目的概率。此方程有如下形式：

$$C(N, \rho) = \frac{1-K}{1-\rho K}$$

这里 K 被称为泊松比率函数，其值在 0 和 1 之间。从表 7.2 中可以看到，这个量是服务员数量及利用率的一个函数。虽然 Erlang C 公式在排队计算中经常出现但不易计算。可以查数值表或编程计算。对于单服务员系统，这个表达式简化为 $C(1, \rho)=\rho$。

7.2　简单排队系统分析应用举例

例 7.1　数据库服务器　一个 LAN 有 100 个 PC 和一个服务器，服务器上有一个公用查询数据库。服务器响应一个查询的平均时间是 0.6 秒，标准离差估计等于均值。在最忙的峰值时间段里，查询速率达到每分钟 20 个。

要回答的问题如下：

(1) 如果线路开销忽略不计，系统的平均响应时间是多少？

(2) 如果 1.5 秒响应时间被认为是可接受的最大值，在最大值达到前，在信息负载中增长的百分数？

(3) 如果有利用率的增长高于 20%，响应时间的增长是高于还是低于 20%？

解　首先建立队列模型。由于标准离差估计等于均值，假定是 M/M/1 模型，数据库的服务器是模型的服务员，忽略 LAN 的延时的影响。

系统设备的利用率：

$\rho = \lambda T_s$

=(每分钟 20 个查询)(每个服务 0.6 秒)/(60 秒/每分钟)

=0.2

第 1 个问题，平均响应时间：

$$T_{us} = \frac{T_s}{1-\rho} = \frac{0.6}{1-0.2} = 0.75 \text{ 秒}$$

第 2 个问题很难求解，实际上没有直接的答案，因为不管利用率(负载)多大，某些响应时间超过 1.5 秒的概率都是非零。但我们可以回答类似 90%的响应小于 1.5 秒的问题。使用公式表中的(M/M/1 队列)公式：

$$
\begin{aligned}
m_{T_{us}}(90) &= T_{us} \times \ln\left(\frac{100}{100-90}\right) \\
&= T_{us} \times \ln(10) \\
&= \frac{T_s}{1-\rho} \times 2.3 \\
&= 1.5
\end{aligned}
$$

已知 $T_s=0.6$，代入上述方程可求得 $\rho=0.08$。利用率(负载)从 20%降到 8%，可使在 90%的时间内，响应时间在 1.5 秒内。

第 3 个问题是发现负载增长与响应时间之间的关系。利用率为 0.2 时，响应时间增长比利用率慢。在这种情况，如果利用率从 20%增长到 40%，即 100%的增长，响应时间 T_{us} 从 0.75 秒增长到 1.0 秒，即仅 33%的增长。

例 7.2　网络传输　信息分组从 LAN 上的计算机传输到其它网络，所有分组必须通过连接 LAN 和 WAN 的路由器才能传输到广域网和外部世界。考虑从 LAN 到路由器的传输流。分组到达平均速率为每秒 5 个分组。分组平均长度是 144 个字节，假定长度是指数分布的。线路从路由器到广域网的速率是 9600 b/s。

要回答的问题如下：

(1) 在路由器的平均排队时间？

(2) 平均有多少分组在路由器中？

(3) 在 90%情况下，求问题(2)。

(4) 在 95%情况下，求问题(2)。

解　这是一个 M/M/1 问题。

$$\lambda = 5 \text{ 分组/秒}$$

$$T_s = \frac{144 \text{ 字节} \times 8 \text{ 位/字节}}{9600 \text{ b/s}} = 0.12 \text{ 秒}$$

$$\rho = \lambda T_s = 5 \times 0.12 = 0.6$$

$$T_{us}=\frac{T_s}{1-\rho}=0.3\text{ 秒}$$

$$L=\frac{\rho}{1-\rho}=1.5\text{ 分组}$$

为了获得百分数，要使用公式表中的公式：

$$P[L=N]=(1-\rho)\rho^N$$

将上式表达为累加形式：

$$\frac{r}{100}=\sum_{k=0}^{m_L(r)}(1-\rho)\rho^k=1-\rho^{1+m_L(r)}$$

$m_L(r)$表示在 $r\%$的时间队列中最大的分组数量，也就是说，$m_L(r)$表示当 L 低于其时间百分比 $r\%$的情况下的数值。将上式做转换：给定 r，求 $m_L(r)$。将式子两边取对数得

$$m_L(r)=\frac{\ln\left(1-\frac{r}{100}\right)}{\ln\rho}-1$$

如果 $m_L(r)$是分数，取下一个大于它的整数；如果 $m_L(r)$是负数，设置为零。在我们的问题中，$\rho=0.6$，计算 $m_L(90)$ 和 $m_L(95)$的值。可得：$m_L(90)=3.5$，$m_L(95)=4.8$。因此，在 90%的时间队列中的有少于 4 个分组；在 95%的时间队列中的有少于 5 个分组。可见，要设计一个 95 个百分位的标准，必须提供一个至少能存储 5 个分组的缓存。

例 7.3 多服务器问题 在一个工程公司，有 10 个工程师每个人都使用一台 PC，这些机器都通过 LAN 和一个图形工作站相连，用它们进行分析和设计工作。在一天 8 小时中，10 个工程师将使用工作站，在一次使用中平均花费 30 分钟。

考虑以下两种模型。

(1) 单服务器模型。

工程师向他们经理抱怨，他们等待使用工作站的等待时间太长，经常超过 1 小时，应该增加工作站。经理非常惊奇，因为工作站的利用率 ρ 仅为 5/8(10×1/2 小时=5 小时，一天 8 小时)。为了使经理信服，一个工程师进行了队列分析。这个工程师进行了通常的假定：无限顾客，随机到达，指数

服务时间。粗略计算：

$$T_w = \frac{\rho T_s}{1-\rho} = 50 \text{ 分钟}$$

$$m_{Tw}(90) = \left(\frac{T_w}{\rho}\right) \times \ln(10\rho) = 146.6 \text{ 分钟}$$

$$\lambda = \frac{10}{8 \times 60} = 0.021 \text{ 工程师 / 分钟}$$

$$w = \lambda T_w = 1.0416 \text{ 工程师}$$

其中，T_w 为一个工程师等待使用工作站的平均时间；m_{Tw} 为在 90%时间里的等待时间；λ 为工程师到达的速率；w 为平均在等待的工程师数量。

这些数据表明：工程师平均等待的时间接近 1 小时，在 10%的情况，一个工程师等待超过 2 小时。一个工程师在等待时如果不能做其它事情，在一天中就有超过一个工程师丢掉了。

(2) 多服务器模型。

经理现在终于相信需要更多的工作站。他们希望等待时间不要超过 10 分钟，在 90%的时间，等待时间不要超过 15 分钟。经理担心的是，他推测，根据现在的平均等待时间 50 分钟，预计需要 5 台工作站，可以使等待时间降至 10 分钟。

工程师们现在就来确定到底需要几台工作站。工作站的放置有两种可能：将新的工作站与原来的放置在一个房间(多服务器队列)，或放置新的工作站在不同楼层的不同房间(多个单服务器队列)。

第一种情况：多服务器队列情况(即在原有工作站房间新增加一台工作站)，这是一种 M/M/2 队列模型的情况。

假定新增加一台工作站仅减少等待时间，不影响工程师的到达速率，每天仍然是 10 个工程师。此时，在一天 8 小时内，工作站提供的有效的服务时间是 16 小时，工作时间需求仍然是 5 小时(10 个工程师×0.5 小时)，则系统整体利用率是 5/16＝0.3125。利用 M/M/N 公式表中公式计算如下：

$$C(2, u) = C(2, 0.625) = 0.1488$$

$$T_w = \frac{CT_s}{N(1-\rho)} = 3.247 \text{ 分钟}$$

$$m_{Tw}(90) = \frac{T_s}{2(1-\rho)} \times \ln(10C) = 8.67 \text{ 分钟}$$

$$w = \lambda T_w = 0.07 \text{ 工程师}$$

其中，$C(2, u)$为两个工作站都在忙的概率；T_w为一个工程师等待使用工作站的平均时间；$m_{T_w}(90)$为在90%时间里的等待时间；w为平均在等待的工程师数量。

根据这个安排，一个工程师要使用工作站必须等待的概率就小于0.15，他们的平均等待时间比3分钟多一点，且在90%时间内的等待时间少于9分钟。这表明，经理的顾虑是多余的，实际上只需要两台工作站的多服务员设置就已经轻而易举地满足了设计要求。

第二种情况：2个单服务器队列情况。

另一种情况，所有工程师的办公室在两层楼，我们来看看如果每层楼放一台工作站是否更加方便。这相当于2个M/M/1队列，每一个队列的输入速率为

$$\lambda = \frac{5 \text{ 工程师}}{8 \text{ 小时} \times 60 \text{ 分钟}} = 0.0105 \text{ 工程师 / 分钟}$$

因此有：

$$\rho = \lambda T_s = 0.3125$$

$$T_w = \frac{\rho T_s}{1-\rho} = 13.64 \text{ 分钟}$$

$$m_{Tw}(90) = \frac{T_w}{\rho} \times \ln(10\rho) = 49.73 \text{ 分钟}$$

$$w = \lambda T_w = 1.142 \text{ 工程师}$$

其中，ρ为一个服务器的利用率；T_w为一个工程师等待使用工作站的平均时间；m_{T_w}为在90%时间里的等待时间；w为平均在等待的工程师数量。

这个方案的性能明显比多服务器模型差，而且不满足设计要求。有多个工作站时，性能比较也如此。表7.3小结了上述结果，并列出了4、5个独立工作站时的结果。从表中可见，为了满足设计要求，竟需要5个单独的

工作站，这和两个多服务员模型中工作站的配置形成了鲜明的对比。

表 7.3　单服务器与多服务器的比较

工作站数目	系统模型	ρ	T_w	m_{Tw}
1	M/M/1	0.625	50.00	146.61
2	M/M/2	0.3125	3.25	8.67
2	M/M/1s	0.3125	13.64	49.73
4	M/M/1s	0.156 25	5.56	15.87
5	M/M/1s	0.125	4.29	7.65

习题

请在 JMT 中模拟本小节的例题，并与解析结果比对。

7.3　具有优先级的队列

前面所考虑的排队模型都对顾客施行 FCFS 的服务规则。但在互联网和操作系统设计的很多情况下，需要给顾客分配优先级。可按顾客类型、服务要求分配优先级，例如：

- 实时要求－急的顾客－给高优先级
- 服务时间－短服务时间－给高优先级

例如，可以基于通信量类型来分配优先级。如果系统对各类通信量的平均服务时间恰好相同，则描述排队系统整体行为的公式就没有变化，虽然各种不同业务类型得到的服务会不同。另一种重要的情形是基于平均服务时间来分配优先级。通常具有较短预期服务时间的顾客比具有较长服务时间的顾客得到更优先的处理。例如，一个分组交换网络可能对较短分组给予优先处理，以便它们不被长分组拖延处理时间。采用这种方法，高优先级通信量的性能就得到了提高。

表 7.4 给出了假定给与服务时间不同的两类顾客两种优先级时所使用

的排队公式。这些结果很容易推广到任意数目的优先级情形。

表 7.4　具有两类优先级的单服务员队列公式表

假定：

(1) 泊松到达速率；

(2) 优先级 1 的顾客比优先级 2 的顾客先得到服务；

(3) 多个相同优先级的顾客服从 FCFS 服务规则；

(4) 正在接受服务的顾客不能被中断(非抢占式)；

(5) 没有顾客从队列中被丢失

一般公式	指数分布的服务时间 M/M/1
$\lambda=\lambda_1+\lambda_2$，$\rho_1=\lambda_1 T_{s1}$	$L_{w1}=\dfrac{\rho_1(\rho_1 T_{s1}+\rho_2 T_{s2})}{T_{s1}(1-\rho_1)}$
$\rho_2=\lambda_2 T_{s2}$，$\rho=\rho_1+\rho_2$	$L_{w2}=L_{w1}\dfrac{\lambda_2}{\lambda_1(1-\rho)}$
$T_s=\dfrac{\lambda_1}{\lambda}T_{s1}+\dfrac{\lambda_2}{\lambda}T_{s2}$	$T_{ws1}=T_{s1}+\dfrac{\rho_1 T_{s1}+\rho_2 T_{s2}}{1-\rho_1}$
$T_{ws}=\dfrac{\lambda_1}{\lambda}T_{ws1}+\dfrac{\lambda_2}{\lambda}T_{ws2}$	$T_{ws2}=T_{s2}+\dfrac{T_{ws1}-T_{s2}}{1-\rho}$

为了了解使用优先级的影响，考虑一个例子。

例 7.4　一个传输数据流包括长分组和短分组，由网络的一个交换节点发送，两类分组到达的速率相等。假定两类分组的长度都是指数分布，长分组的平均分组长度是短分组的 10 倍。线路传输速率为 64 kb/s，分组平均长度分别是 80 字节和 800 字节。二者的服务时间分别是 0.01 秒和 0.1 秒。二者的到达速率都是每秒 8 个分组，分配给短分组有较高的优先级。

解

$$\rho_1=8\times 0.01=0.08$$

$$\rho_2=8\times 0.1=0.8$$

$$\rho=0.08+0.8=0.88$$

$$T_{ws1}=0.01+\frac{0.08\times 0.01\times 8\times 0.1}{1-0.08}=0.098\text{ 秒}$$

$$T_{us2}=0.1+\frac{0.098-0.01}{1-0.88}=0.833\text{ 秒}$$

$$T_{us}=0.5\times 0.098+0.5\times 0.833=0.4655\text{ 秒}$$

可见，具有高优先级的分组比低优先级的分组得到更好的服务。

例 7.5　某私人诊所只有一名医生，来就诊的病人按 $\lambda=2$ 人/小时的泊松分布到达，医生对每个病人的服务时间服从 $1/\mu=15$ 分钟(0.25 小时)的负指数分布。假如病人中 90%属一般病人，10%属危重病人；该诊所的服务规则是先治疗危重病人，然后是一般病人。试计算两类病人等候治病的平均时间。

解　依题意知，危重病人是第一级，一般病人是第二级，且

$$\lambda_1 = 10\%\lambda = 0.20(\text{人} / \text{小时})$$

$$\lambda_2 = 90\%\lambda = 1.80(\text{人} / \text{小时})$$

$$\mu = \frac{60}{15} = 4(\text{人} / \text{小时})$$

$$\rho = \frac{\lambda}{\mu} = \frac{1}{2}$$

由优先级队列公式表中的公式，算出：

$$\rho_1 = \frac{\lambda_1}{\mu_1} = \frac{0.2}{4},\quad \rho_2 = \frac{\lambda_2}{\mu_2} = \frac{1.8}{4}$$

这里服务速率

$$\mu_1 = \mu_2 = \mu = \frac{1}{T_{s1}} = \frac{1}{T_{s2}} = 4$$

$$L_{w1} = \frac{\rho_1(\rho_1 T_{s1} + \rho_2 T_{s2})}{T_{s1}(1-\rho_1)} = \frac{0.05\times(0.05\times 4 + 0.45\times 4)}{4\times(1-0.05)}$$

$$\approx 0.0263(\text{人})$$

$$L_{w2} = L_{w1}\frac{\lambda_2}{\lambda_1(1-\rho)} = 0.0263\times\frac{1.8}{0.2\times(1-0.5)}$$

$$\approx 0.4737(\text{人})$$

根据 Little 公式，危重病人等待时间：

$$T_{w1} = \frac{L_{w1}}{\lambda_1} = \frac{0.0263}{0.2} = 0.1315(\text{小时}) = 7.89(\text{分钟})$$

一般病人等待时间：

$$T_{w2}=\frac{L_{w2}}{\lambda_2}=\frac{0.4737}{1.8}=0.2632(\text{小时})=15.79(\text{分钟})$$

而(参见 M/M/1 队列公式)

$$L_w=\frac{\rho^2}{1-\rho}=\frac{0.5^2}{1-0.5}=0.5(\text{人})$$

$$T_w=\frac{\rho T_s}{1-\rho}=0.25(\text{小时})$$

显然有：

$$w=w_1+w_2$$

$$T_w=\frac{\lambda_1}{\lambda}T_{w1}+\frac{\lambda_2}{\lambda}T_{w2}$$

这同样表明高优先级比低优先级得到更好的服务。

7.4 排队系统的最优化设计

作为一个管理决策人员，仅知道如何描述排队系统，计算出它的有关数量指标是不够的。我们研究的目的是要在掌握排队模型的基础上，利用它作为决策的工具，如此就需要对排队系统进行最优化设计。对排队系统进行最优化设计可以从两个方面考虑：其一，给出系统的某种费用(或利润)结构，要求在平均总费用(或平均总利润)最低的情况下做出最优设计(经济效益)。在系统稳定状态下，各种费用可以用单位时间来考虑。服务成本是可以确切计算或估计的，病人就诊时因排队等待而延误时间所造成的损失虽然很难测算，但也可根据统计的经验来估计。其二，在一定服务质量指标下要求系统运行效能达到必要的水平(社会效益)，一般可以就平均服务速率和服务台数这两个决策变量的优化问题进行讨论。

1. M/M/1/∞/∞模型的最优平均服务率 μ^*

定义费用函数 f 为单位时间服务成本与顾客在系统中逗留损失费用之和的期望值。假定服务速率 μ 是一个连续值。则费用函数 $f(\mu)$ 可为

$$\min f(\mu) = a\mu + bL$$

其中，a 表示当 $\mu=1$ 时服务机构单位时间的成本费用，b 表示每个顾客在系统中停留单位时间的损失费用，L 表示系统内平均顾客数。根据 M/M/1 的公式，$L=\lambda/(\mu-\lambda)$，则

$$f(\mu) = a\mu + b\frac{\lambda}{\mu-\lambda}$$

于是有

$$\frac{\mathrm{d}f}{\mathrm{d}\mu} = a - \frac{b\lambda}{(\mu-\lambda)^2}$$

令 $\frac{\mathrm{d}f}{\mathrm{d}\mu}=0$，考虑 $\mu>\lambda$，解得

$$\mu^* = \lambda + \sqrt{\frac{\lambda b}{a}}$$

例 7.6　到某设备维修站维修的设备数为泊松流，平均每小时 3 台。假设一台设备停留在维修站一个小时，修理站要支付 4 元。若维修站只有一名维修人员，他的工资是每小时每台 12 元。为使工资与设备逗留费之和最小，该维修员每小时应维修多少台？

解　　$\lambda=3,\quad a=12,\quad b=4$

于是

$$\mu^* = \lambda + \sqrt{\frac{\lambda b}{a}} = 3 + \sqrt{\frac{3\times 4}{12}} = 4(\text{台}/\text{小时})$$

即维修员每小时应维修 4 台设备，此时单位时间支出费用为

$$f(4) = a\cdot\mu^* + b\cdot\frac{\lambda}{\mu-\lambda} = 12\times 4 + 4\times\frac{3}{4-3} = 60(\text{元}/\text{小时})$$

2. M/M/C/∞/∞模型的最优服务台数 C^*

费用函数 f 为单位时间服务成本与逗留损失费用之和：

$$f(C) = h\cdot C + b\cdot L(C)$$

其中，h 表示每个服务台单位时间的成本，b 表示每个顾客在系统中停留单位时间的损失费用，$L(C)$ 表示有 C 台设备时逗留的顾客数，即有 C 台设备时的平均顾客数。

因为 C 是离散型变量，不能直接对 $f(C)$ 求微分。因此，采用边际分析法，根据费用函数存在最小值的必要条件，有

$$\begin{cases} f(C^*) \leqslant f(C^* - 1) \\ f(C^*) \leqslant f(C^* + 1) \end{cases}$$

不难算出

$$L(C^*) - L(C^* + 1) \leqslant \frac{h}{b} \leqslant L(C^* - 1) - L(C^*)$$

依次求 $C=1$，2，…时的 $L(C)$ 值，因为 h/b 是已知数，可根据上式确定 C^*。

例 7.7 某医院为了解决看病难问题，想增添 B 超设备，现已统计出平均每 6 分钟就有 1 人做 B 超检查，每人平均做 20 分钟。若假定患者到达的时间间隔和检查时间均服从负指数分布，管理人员要求合理确定 B 超台数，使得系统满足两个目标：① 每台设备空闲率不大于 40%；② 每位患者平均等待检查的时间不超过 5 分钟。试确定最佳 B 超设备台数 C。

解 依题意：

$$\lambda = \frac{60}{6} = 10(\text{人 / 小时})$$

$$\mu = \frac{60}{20} = 3(\text{人 / 小时})$$

$\rho=\frac{10}{3}$满足第一个目标的条件是：

$$\begin{cases} 1 - \dfrac{10}{3C} \leqslant 0.4 \\ \dfrac{10}{3C} < 1 \end{cases} \quad \text{解出：} 4 \leqslant C \leqslant 5$$

满足第二个目标的条件是：$T_w \leqslant \frac{5}{60} = 0.0833$(小时)

当 $C=4$ 时，求出 $T_w=0.3288$(小时)；

当 $C=5$ 时，求出 $T_w=0.065\ 33$(小时)。

所以，同时满足两个目标的条件是：$C=5$。

当然，若不存在能同时满足两个目标的 C 值，则需要修正其中某个目标。

习题

我国的高速公路收费口较多，通常也十分拥堵，容易造成顾客时间和经济上的损失，如果增大每个收费口的收费亭数目可减少拥堵，但是增加收费亭的数目将增加服务成本。请读者根据自己的观察，根据高速公路车道的数目、车辆到达速率以及服务速率，合理假设，给出求解最优收费亭数目的数学模型，给出解析结果，并与 JMT 模拟结果比对改进给出的数学模型。

第8章 排 队 网 络

8.1 排队网络基本概念

排队网络是一个比较复杂的服务系统，在此系统中经常需要讨论多个队列的互联问题，如顾客流的分开与合并，队列的串、并联组合等。图 8.1 就描绘了这样一个简单的排队网络，在此排队网络中包含了四个节点，每个节点代表一个服务站(Service center)(例如计算机系统中的处理单元(CPU 或 I/O 设备)或者是通信系统中的某些网络节点(交换机或路由器))，每个服务站中包括一个队列(该队列中可以有一个或多个服务员)。其中互联的线条表示顾客流。

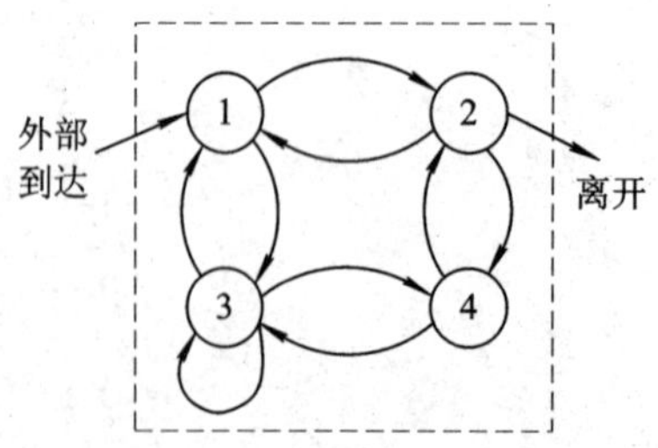

图 8.1 一个简单的排队网络

通常排队网络可分为如下三种基本类型：

• 开环网络(Open networks)：至少有一个来自外部的输入顾客流和

至少一个输出到外部的输出顾客流，如图 8.1 所示。开环网络可用于表示一个具有来自外部的到达和从内部离开的事务处理系统。

• 闭环网络(Closed networks)：所有顾客永远在网络内循环流动，此时网络中顾客数目为常数。例如，将图 8.1 中节点 1 和节点 2 的外部线条去掉，它就变成一个闭环网络。闭环网络可用于模拟多程序级别维持恒定情况下的批量类型的工作负荷。

• 混合网络(Mixed networks)：如果所研究的排队网络对某类顾客是开放的，而对其他类顾客是关闭的。混合网络可用于同时表示计算机系统中的事务处理性和批量类型的工作负荷。

本章所讨论的排队网络，都假定每个节点遵循 FCFS(先来先服务)规则，服务时间服从负指数分布。并假定每个节点的服务速率是与其队列长度相关(Queue Length Dependent，QLD)的，即当节点 i 的队列中有 n 个顾客时，记其服务速率为 $\mu_i(n)$。

8.2 开环排队网络

1. 开环排队网络定义

有关排队网络模型分析的研究，最早可追溯到杰克逊(J. R. Jackson)在 1957 年和 1963 年发表的论文，其中描述的排队网络是一种开环网络，该模型通常也称为 Jackson 网络，具体定义如下。

Jackson 网络定义 具有 M 个节点(标记为 $i=1,2,\cdots,M$)的排队网络，满足如下条件：

(1) 节点 i 的服务速率是与其队列长度相关(QLD)的，当节点 i 的队列中有 n 个顾客时，其服务速率记为 $\mu_i(n)$。并假定每个节点的服务时间相互独立且服从负指数分布。

(2) 一个顾客在某节点上得到服务后，做一个概率选择，他要么离开网络，要么进入另一个节点，所做选择与过去历史无关。

(3) 网络是开环的，从系统外到达系统中任何节点 i 的外部输入是泊松到达过程，速率为 $\gamma_i \geqslant 0$。

上述开环 Jackson 网络的状态空间为

$$S = \{(n_1, \cdots, n_M) \mid n_i \geqslant 0\}$$

其中 n_i 是节点 i 的队列长度。

假设节点的队列长度是随机向量$(N_1, \cdots, N_M)$，则可以定义网络在状态 n 的稳定状态概率

$$\eta(n) = \eta(n_1, \cdots, n_M) = P(N_1 = n_1, \cdots, N_M = n_M)$$

顾客在网络中的路由概率矩阵定义为 $\boldsymbol{Q} = (q_{ij} \mid i, j = 1, \cdots, M)$，其中 q_{ij} 表示一个顾客离开节点 i 走到直接邻居节点 j 的不变(常数)概率(与过去的历史无关)(如果路由概率是状态相关的，则称为自适应路由，这里只讨论路由概率是常数的情况)。易知此顾客离开节点 i 走向网络外部的概率为

$$q_{i0} = 1 - \sum_{j=1}^{M} q_{ij}$$

由于是在开环网络中，因而

- 至少有一个节点 i 满足：$q_{i0} > 0$。
- 在路由概率矩阵 $\boldsymbol{Q}$ 中，至少有一行的和小于 1。
- 现在假设有一个想象的外部节点 0 作为顾客的外部源和宿。则所有到达开环网络的外部顾客形成一个速率为 γ 的泊松流，且每个外部顾客到达节点 $i(i=1, 2, \cdots, M)$的概率为 $q_{0i} \geqslant 0$，速率为 $\gamma_i = q_{0i}\gamma$(根据泊松过程的分解特性)，进而 $\gamma = \sum_{i=1}^{M} \gamma_i$。

当节点 i 的队列长度为 n_i 时，我们知道其服务速率为 $\mu_i(n_i)$，所以服务速率依赖于局部状态。更一般地，节点的服务速率可以依赖于网络全局状态 $\mu_i(n)$，即允许某一节点的服务速率依赖于另外一个节点的状态，如此就可以表示阻塞情况。例如，如果某节点的有限容量队列已满，那下一个节点的服务速率将变为 0。

这里我们仅考虑局部状态相关的服务速率和无限大的缓冲空间，这样可使问题的分析较全局状态相关的情况大为简化。

2. 通信量(网络流)方程

现在利用通信量(网络流)的路由行为来确定到达网络中的每个节点 i 的平均到达速率 λ_i。在单位时间内,到达节点 i 的平均顾客数目是外部到达的平均顾客数(即 γ_i)与从所有节点 $j(j=1, 2, \cdots, M)$ 到达的平均顾客数(即 $\lambda_i q_{ji}$)之和,如图 8.2 所示。

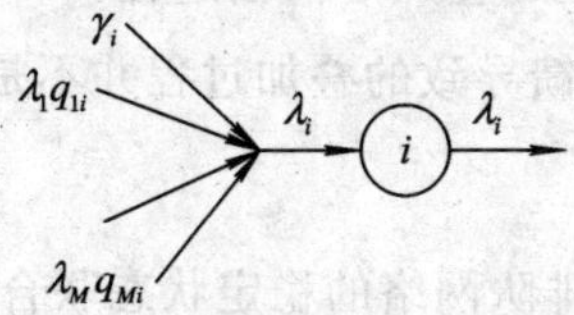

图 8.2 通过节点的传输流

因此节点 $i(i=1, 2, \cdots, M)$ 的通信量(网络流)方程为

$$\lambda_i = \gamma_i + \sum_{j=1}^{M} \lambda_j q_{ji}$$

在稳定状态下,通信网络的总体通信量(网络流)方程为

$$\gamma = \sum_{i=1}^{M} \lambda_i q_{i0}$$

记 $\lambda=\{\lambda_i\}$,根据路由概率矩阵 $\boldsymbol{Q}$ 的特性,得到向量形式下的流量方程为:$\lambda(\boldsymbol{I}-\boldsymbol{Q})=\gamma$,而且$(\boldsymbol{I}-\boldsymbol{Q})$是非奇异的(满秩的),进而未知的速率集合 $\lambda = \{\lambda_i\}$存在唯一解。

图 8.3 所示的简单网络模拟了一个数据传输通道。其中一个消息传送失败要求重传的概率为 q,则该网络的通信量(网络流)方程为

$$\lambda_1 = \gamma + \lambda_1 q$$

所以 $\lambda_1=\dfrac{\gamma}{1-q}$。

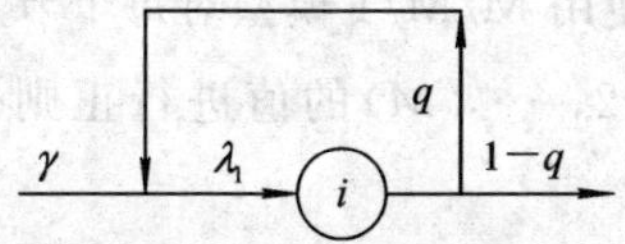

图 8.3 具有反馈的排队网络例子

注意：

• 虽然到达网络的外部顾客流服从泊松过程，但到达每一个节点的顾客流一般不是泊松过程(如上例所示)。

• 如果没有反馈，那么所有的到达过程均为泊松过程，因为 M/M/1 的输出是泊松过程。

• 相互独立泊松过程的叠加是泊松过程。一个有反馈的队列不是独立过程，因而上例中由于反馈导致的叠加过程并不是相互独立的。

3. Jackson 理论

Jackson 定理给出了排队网络的稳定状态联合概率分布。

Jackson 定理　设稳定状态下的 Jackson 网络中，到达节点 i 的速率为 λ_i，则

① 在任何节点的顾客数量与其它任何节点的顾客数量无关。

② 节点 i 的随机行为就好像它接收的是速率为 λ_i 的泊松到达。

事实上，网络在稳定状态下的所有随机特性都蕴涵在队列长度的联合概率分布 $\eta(n)$之中，其中状态 $n=(n_1, n_2, \cdots, n_M)$，$n_i$ 是节点 i 的队列长度。可以证明(证明过程略)，Jackson 网络的稳定状态概率为

$$\eta(n_1, n_2, \cdots, n_M) = \prod_{i=1}^{M} \eta_i(n_i)$$

其中

$$\eta_i(n_i) = \eta_i(0)\left(\frac{\lambda_i^{n_i}}{\prod_{j=1}^{n_i} \mu_i(j)}\right)$$

在 Jackson 网络中：

• 每一个节点都可以独立地使用 M/M/1 或 M/M/N 模型进行分析。上式中 $\eta_i(n_i)$的值就是使用 M/M/1 模型对每个节点进行分析得到的，进一步地，对 $\eta_i(n_i)(i=1, 2, \cdots, M)$的值进行正则化(归一化)就可以得到 $\eta_i(0)$。

• 由 Jackson 网络的稳定状态概率的表达式我们发现，队列长度的联合概率分布 $\eta(n)$等于各队列长度的概率的乘积，即具有乘积形式解，也即

各队列长度的概率是相互独立的，因而在任何节点的顾客数量与其它任何节点的顾客数量无关。

• 由上式 $\eta_i(n_i)$的乘积表达式的第 i 项，可以注意到（此处请读者自行思考）满足所有局部平衡方程的解也满足全局平衡方程，且根据马尔可夫过程的稳定状态理论，该解具有唯一性。

Jackson 网络具有乘积解是一个非常有意义的特性。对于十分复杂的计算机系统和网络通信系统，经常使用上述这种稳态解形式。

Jackson 定理说明，在 Jackson 网络中，每个节点是独立的排队系统，其到达过程是泊松过程，该泊松过程由分开、合并和串联队列所确定。因而每个节点都可以独立于其它节点，并且用 M/M/1 或 M/M/N 模型来分析，所得结果就可以用普通的统计方法组合在一起。每个节点上的平均时延可以加起来得到系统时延，但是关于系统时延的高阶矩（如标准差），则不能用这种方法得到。

Jackson 定理可以应用到分组交换网络的应用中：

• 我们可以将分组交换网络模型化为一个排队网络，每个分组代表一个独立的顾客，假定每个分组都是独立传输的。在从源端到目的端的传输路径的每个节点上，分组都在其要去的下一条链路上排队等待。队列的服务时间就是分组的实际传输时间，并与分组长度成正比。

• 这种模型化方法的缺点在于 Jackson 定理的一个条件是不满足的，即各节点的服务时间分布并不是相互独立的。因为分组的长度在每条传输链路上都是相同的，每个排队的到达过程与服务过程之间就关联起来。但是实际上，由于网络通信量合并与分开的平均效果，假定服务时间相互独立很接近于实际情况。

利用 Jackson 定理以及 Little 公式我们可以推导出队列长度的均值和平均等待时间等许多性能测量的平均量值。以下设网络仅由单服务员，固定速率（SSFR）为 u_i 的节点组成，通信量强度为 $u_i=\lambda_i/\mu_i$，利用率为 $\rho_i=P(Q\geqslant 1)=u_i$。

由于每个节点 i 是独立的 M/M/1 队列，到达速率为 λ_i，因而每个节点的平均队列长度 $L_i=E(N_i)$为

$$L_i = E(N_i) = \frac{\rho_i}{1-\rho_i}$$

进而网络中的总平均顾客数量为

$$\begin{aligned} L &= E(N_1 + N_2 + \cdots + N_M) \\ &= E(N_1) + E(N_2) + \cdots + E(N_M) \\ &= \sum_{i=1}^{M} \frac{\rho_i}{1-\rho_i} \end{aligned}$$

利用 Little 公式可求得网络中的平均等待时间为

$$T_{us} = \frac{L}{\gamma}$$

其中 $\gamma = \sum_{i=1}^{M} \gamma_i$ 是全部的到达速率。

在每一个顾客访问期间，花费在节点 i 的平均逗留时间(包括等待服务和接受服务的平均时间之和)

$$T_{us\,i} = \frac{L_i}{\lambda_i} = \frac{1}{\mu_i(1-\rho_i)}$$

8.3 Jackson 网络应用举例

例 8.1 考虑图 8.4 中计算机系统的排队网络模型。该系统包括两个节点，服务速率分别为 μ_0 和 μ_1。外部到达的速率为 λ。节点 0 的输出是节点 1 的输入。两个节点的服务时间分布均为指数分布，到达节点 0 的过程为泊松过程。

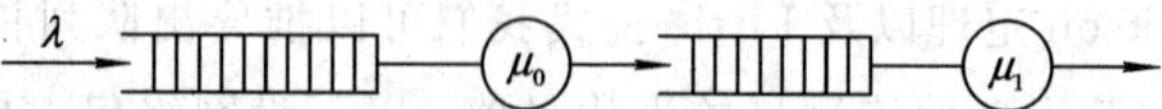

图 8.4 二级串联网络

此排队网络系统可以模型化为一个随机过程，其状态由符号(k_0, k_1)描述，$k_0 \geqslant 0$，$k_1 \geqslant 0$，其中 k_i(i=0, 1)是稳定状态下服务员 i 中的顾客数目。

状态的改变发生在任何一个服务员完成一次服务或者一个新顾客从外部到达。因为根据假设所有的事件间间隔时间都服从指数分布，所以该随机过程为一个马尔可夫链，其状态图如图 8.5 所示。

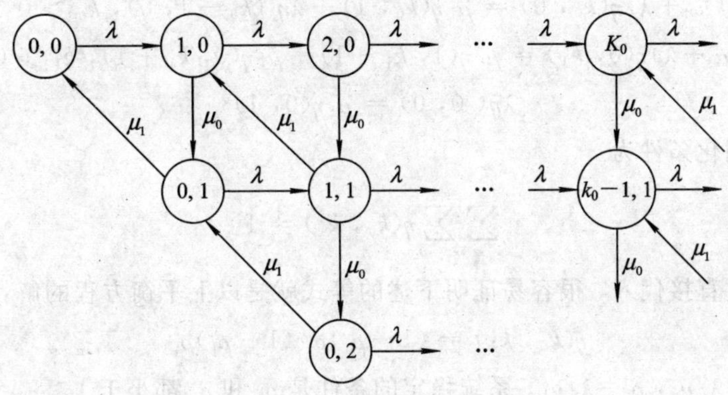

图 8.5　二级串联网络的状态图

对于 k_0，$k_1>0$，状态转移进入和离开某一状态的情形如图 8.6 所示。

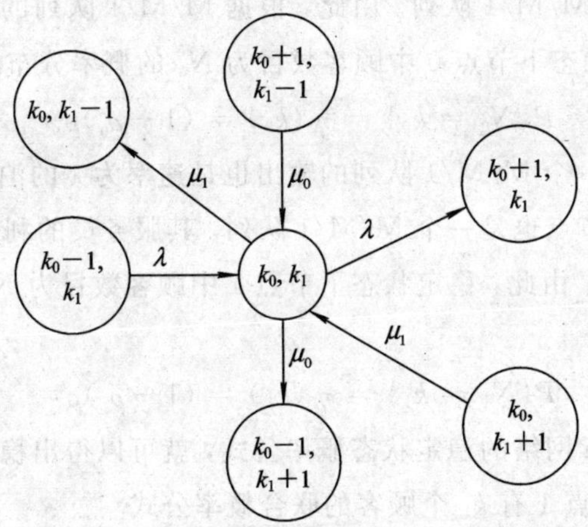

图 8.6　二级串联网络的流量平衡关系图

令 $\eta(k_0, k_1)$ 为稳定状态下节点 0 有 k_0 个顾客、节点 1 有 k_1 个顾客的联合概率。平衡流入和流出节点的顾客速率，我们可以得到以下的平衡方程(参考平衡关系图，通过中心点和三个流入点的流量平衡即可得到下式)

$$(\mu_0+\mu_1+\lambda)\eta(k_0,k_1)=\mu_0\eta(k_0+1,k_1-1)+\mu_1\eta(k_0,k_1+1)$$
$$+\lambda\eta(k_0-1,k_1),\quad k_0>0,k_1>0$$

对于边界状态，有下式成立：

$$(\mu_0+\lambda)\eta(k_0,0)=\mu_1\eta(k_0,1)+\lambda\eta(k_0-1,0),k_0>0$$
$$(\mu_1+\lambda)\eta(0,k_1)=\mu_0\eta(1,k_1-1)+\mu_1\eta(0,k_1+1),k_1>0$$
$$\lambda\eta(0,0)=\mu_1\eta(0,1)$$

正则化条件为

$$\sum_{k_0=0}^{\infty}\sum_{k_1=0}^{\infty}\eta(k_0,k_1)=1$$

通过直接代入，很容易证明下述的等式就是以上平衡方程的解：

$$\eta(k_0,k_1)=(1-\rho_0)\rho_0^{k_0}(1-\rho_1)\rho_1^{k_1}$$

其中 $\rho_0=\lambda/\mu_0$，$\rho_1=\lambda/\mu_1$。系统稳定的条件是 ρ_0 和 ρ_1 都小于 1。

上面的等式是与 M/M/1 队列情况类似的乘积形式解。实际上，考察图 8.4 中的节点 0，它具有速率为 λ 的泊松到达源和指数分布的服务时间。所以节点 0 是一个 M/M/1 队列。由此，根据 M/M/1 队列的公式 $\eta_k=\rho^k\eta_0=\rho^k(1-\rho)$，稳定状态下节点 0 中顾客数目为 N_0 的概率分布函数为

$$P\{N_0=k_0\}=\eta_0(k_0)=(1-\rho_0)\rho_0^{k_0}$$

可以证明，一个 M/M/1 队列的输出也是速率为 λ 的泊松分布。因此图 8.4 中的第二个节点也是一个 M/M/1 队列，其服务员的利用率为 $\rho_1=\lambda/\mu_1$（假设 ρ_1 小于 1）。由此，稳定状态下节点 1 中顾客数目为 N_1 的概率分布函数为

$$P\{N_1=k_1\}=\eta_1(k_1)=(1-\rho_1)\rho_1^{k_1}$$

根据 Jackson 网络的稳定状态概率公式，就可以得出稳定状态下节点 0 有 k_0 个顾客、节点 1 有 k_1 个顾客的联合概率公式

$$\eta(k_0,k_1)=(1-\rho_0)\rho_0^{k_0}(1-\rho_1)\rho_1^{k_1}=\eta_0(k_0)\eta_1(k_1)$$

可见，联合概率 $\eta(k_0,k_1)$是边缘概率 $\eta(k_0)$ $\eta(k_1)$的乘积。因此，在稳定状态下随机变量 N_0 和 N_1 是相互独立的。所以，这两个队列是相互独立的 M/M/1 队列。随着到达速率 λ 的增长，相对利用率较大的节点将给系统引入不稳定性。通常，具有最大利用率 ρ 值得网络节点成为系统的瓶颈。

采用 JSIMgraph 进行模拟。

(1) 运行程序后出现如图 8.7 所示界面，选择标注区域图形化。

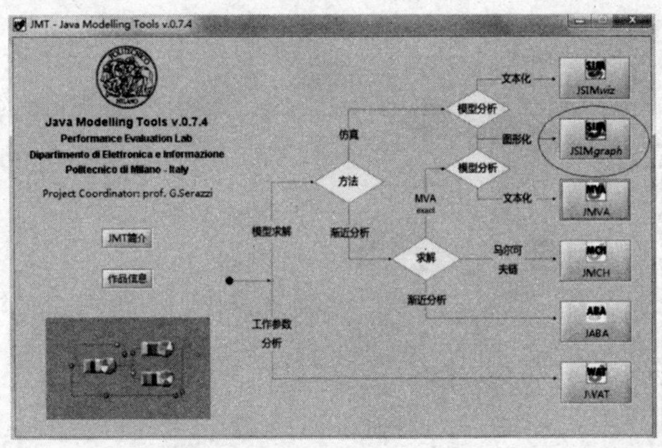

图 8.7　选择 JSIMgraph

(2) 进入后点击文件，选择 New，将出现工作区域。首先我们将排队网络连接好。因而先建立一个 Source，用于模拟外部到达。如图，点击插入一个 Source 后，在工作区域点击，将出现如图 8.8 所示的 Source 0。

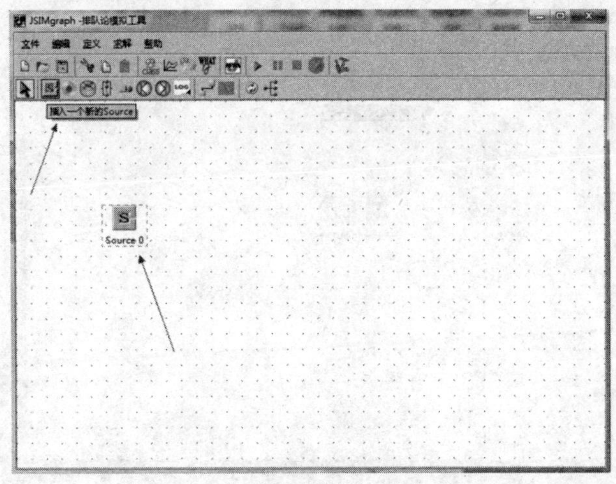

图 8.8　添加数据源按钮

(3) 建立节点。点击如图 8.9 所示，插入 Queueing Station，在工作区域点击插入。

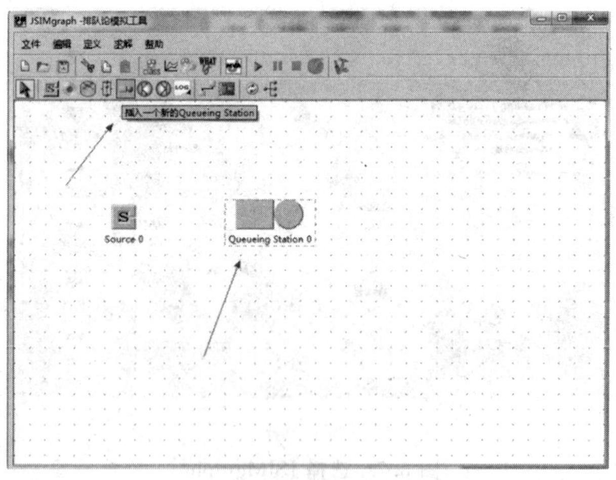

图 8.9 添加队列按钮

(4) 点击如图 8.10 所示的功能键，然后从 Source 到 Queueing Station 进行拖动，连接器件。

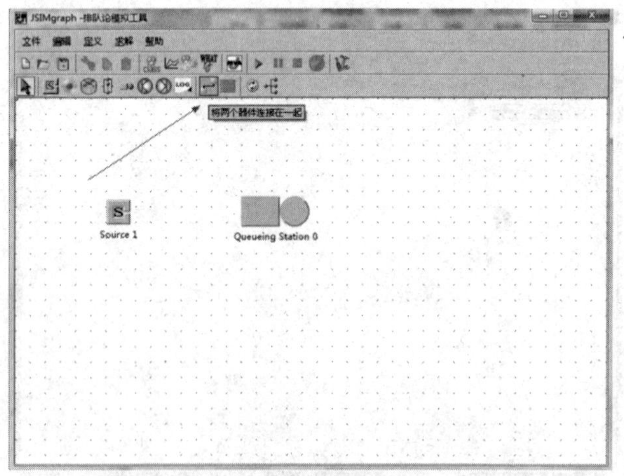

图 8.10 数据流向连接

(5) 由上面步骤将第二个 Queueing Station 建立好后，需要插入一个 Sink 用于模拟顾客从排队网络接受服务后离开。如图 8.11，按前面的方法插入 Sink。

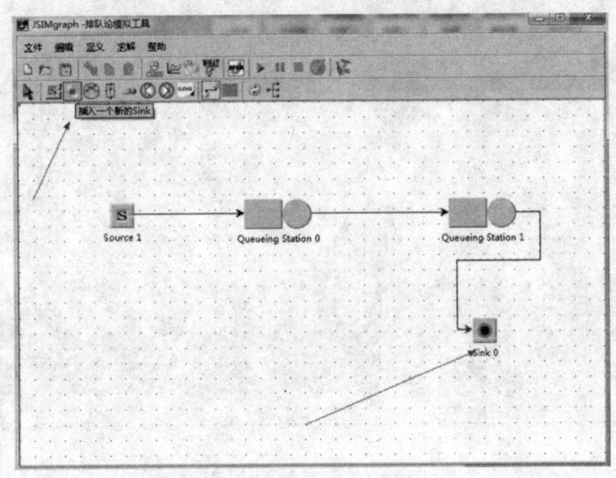

图 8.11　添加队列站与汇聚节点

(6) 至此例题中排队网络已经建立完成，下面将对参数进行设置。点击定义客户到达类，设置顾客到达速率，如图 8.12 所示。

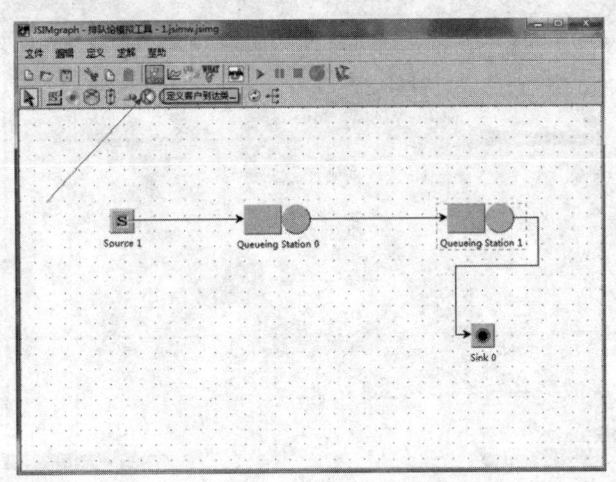

图 8.12　定义客户到达相关参数按钮

(7) 点击后将出现如图 8.13 所示的界面，点击添加类，然后类型选择 Open，面向的 Station 选择 Source 1，然后点击 Edit。

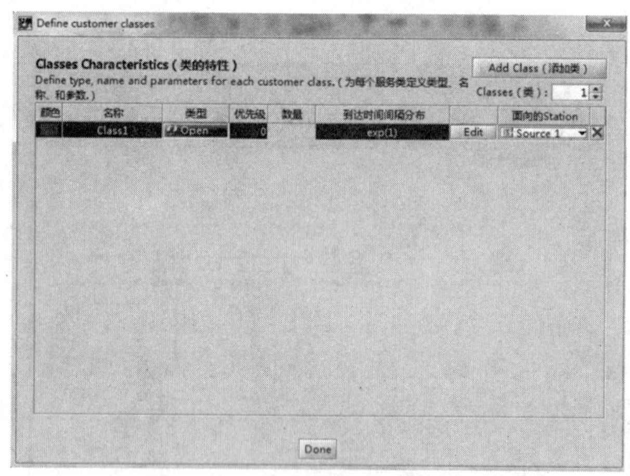

图 8.13　添加类界面

(8) 点击 Edit 后将出现如图 8.14 所示的设置，可以对分布类型和相关参数进行设置。注意此处为到达时间间隔的分布。

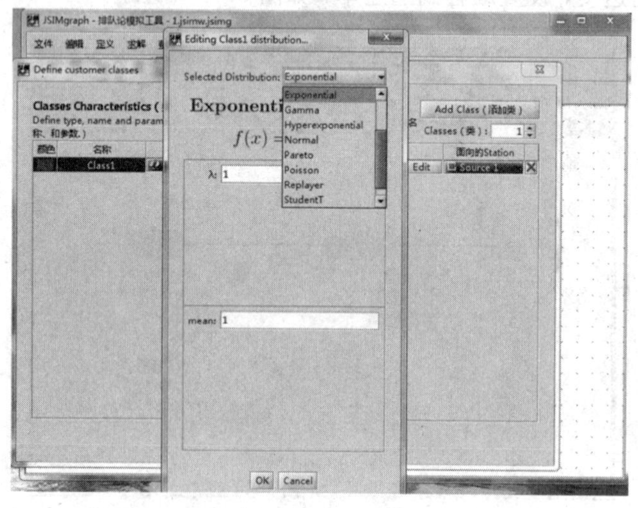

图 8.14　输入分布以及时间间隔设定

(9) 设置服务速率相关参数。双击要设置的 Queueing Station，将出现如图 8.15 所示界面，可以更改排队规则和队列容量。

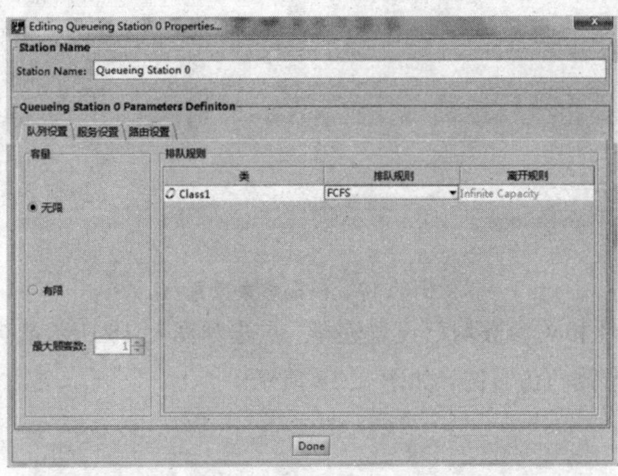

图 8.15　服务速率等设置

(10) 对两个 Station 设置完后，此时输入输出速率均已设置完毕。下面对仿真结果的输出进行设置。点击定义分析变量按钮，如图 8.16 所示。

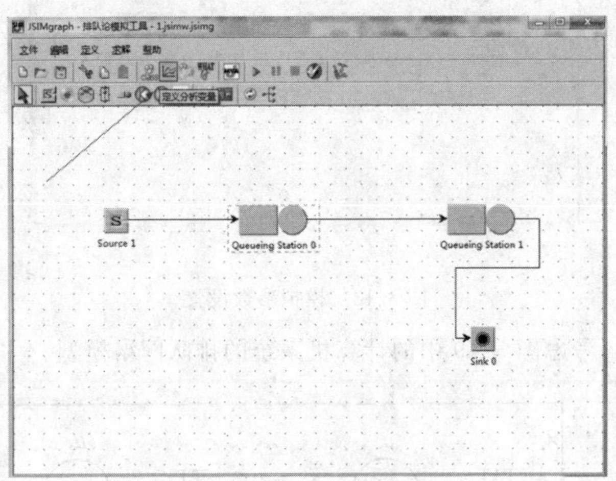

图 8.16　分析变量设置按钮

(11) 点击后出现如图 8.17 所示的界面，在右上角可以选择要输出的数据类型，例如添加 Queue Length 后，可以设置其它相关属性。

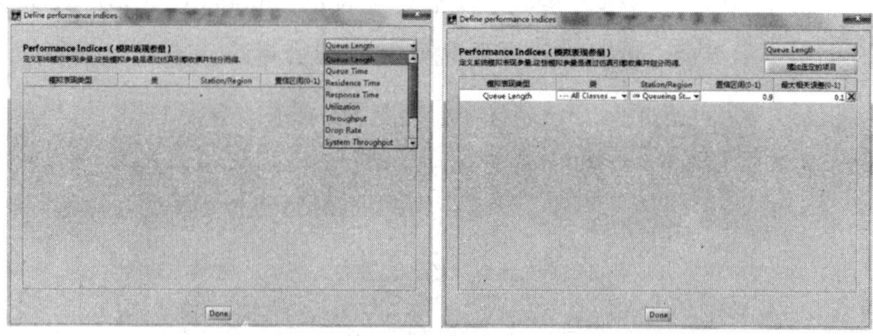

图 8.17　模拟参数设置

（12）至此相关参数均已设置完毕，点击如图 8.18 所示箭头，将出现我们选择输出参数的仿真图，如图 8.18 所示。

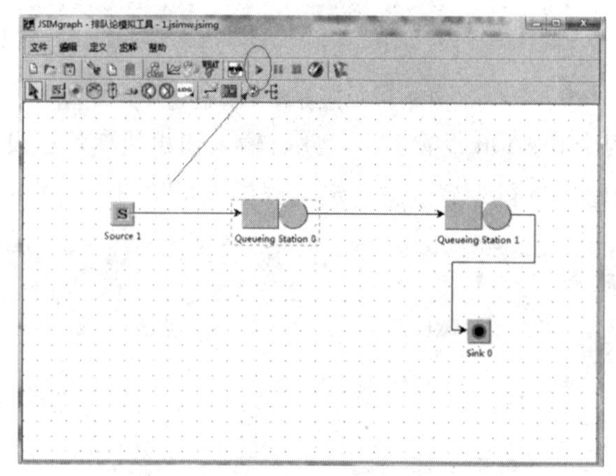

图 8.18　模拟参数设置

例 8.2　考虑图 8.19 中的计算机系统的排队网络模型。

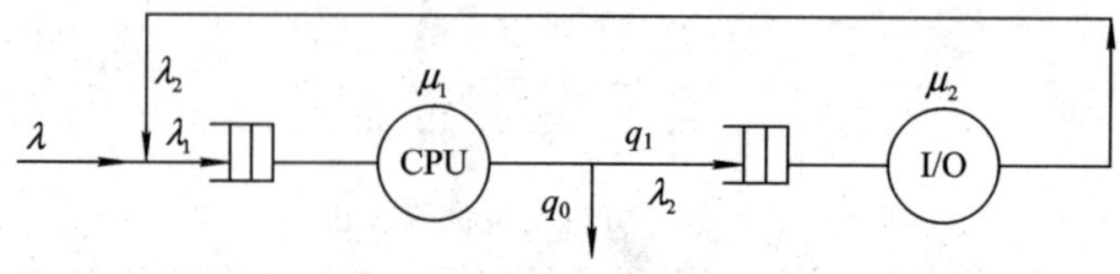

图 8.19　有反馈串联网络

利用Jackson理论：图8.19的2个队列行为可用图8.20中的2个独立的M/M/1队列描述。

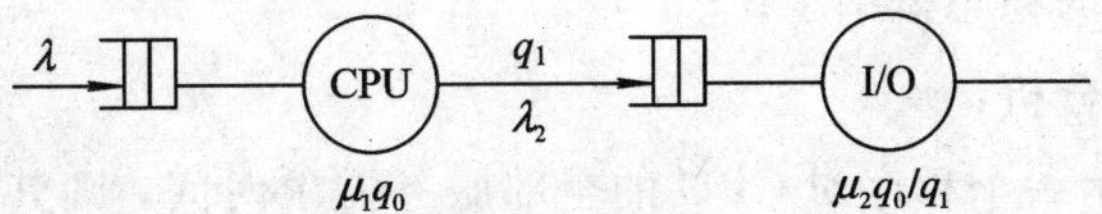

图8.20　等价的无反馈串联网络

根据M/M/1队列的稳定状态概率公式 $P_k=\rho^k(1-\rho)$，这是对单个M/M/1队列而言的，对两个独立的M/M/1队列组成的网络，只需要求概率乘积，有

$$\eta(n_1,n_2)=(1-\rho_1)\rho_1^{n_1}(1-\rho_2)\rho_2^{n_2}$$

其中 $\rho_i=u_i=\lambda_i/\mu_i(i=1,2)$。

为了应用上述结果，就要计算输入到2个队列的到达速率 λ_1 和 λ_2。应注意在稳定状态时，队列到达速率也是离开速率，λ_1 和 λ_2 分别是到达(离开)节点1和节点2的速率。到达CPU节点的速率 λ_1 包括来自外部的 λ 和来自I/O节点的 λ_2，亦即

$$\lambda_1=\lambda+\lambda_2$$

到达I/O节点的速率 λ_2 是在概率条件 q_1 下来自CPU节点的速率 λ_1，即

$$\lambda_2=q_1\lambda_1$$

同理，离开系统的速率 λ 是在概率条件 q_0 下来自CPU节点的速率 λ_1，亦即

$$\lambda=q_0\lambda_1$$

因此

$$\lambda_1=\lambda+\lambda_2=q_0\lambda_1+q_1\lambda_1=(q_0+q_1)\lambda_1=\lambda_1$$

从上述两式，可得

$$\lambda_1=\frac{\lambda}{1-q_1}=\frac{\lambda}{q_0}\quad 和\quad \lambda_2=\frac{q_1\lambda}{q_0}$$

即

$$\rho_1=\frac{\lambda}{q_0\mu_1}\quad 和\quad \rho_2=\frac{q_1\lambda}{q_0\mu_2}$$

由上述推导过程可得，原来只知道外部输入速率 λ、各节点的服务速率

μ_1 和 μ_2、从 CPU 到 I/O 或离开的概率 q_0 和 q_1，不知道反馈速率 λ_1 和 λ_2，通过上面求解，现在得到了 λ_1 和 λ_2，也得到了两个利用率 ρ_1 和 ρ_2，这样就可以得到系统的稳态概率了。

性能瓶颈分析：

令 B_1 表示一个程序对 CPU 的全部服务需求时间，则其均值 $E[B_1]=1/(q_0\mu_1)$；令 $E(B_2)=q_1/(q_0\mu_2)$表示一个应用程序对 I/O 设备的全部服务时间的平均值。如果 $\rho_1>\rho_2$，亦即 $E[B_1]>E(B_2)$，则要求的 CPU 服务时间大于要求的 I/O 设备服务时间，在串行服务线上，CPU 是性能瓶颈。

如果 $\rho_1<\rho_2$，亦即 $E[B_1]<E(B_2)$，则要求的 CPU 服务时间小于要求的 I/O 设备服务时间，I/O 设备是性能瓶颈。

使用 Little 公式可求在网络中的平均逗留时间：

$$
\begin{aligned}
T_{us} &= \left[\frac{\rho_1}{1-\rho_1}+\frac{\rho_2}{1-\rho_2}\right]\frac{1}{\lambda} \\
&= \frac{1}{q_0\mu_1-\lambda}+\frac{1}{\dfrac{q_0\mu_2}{q_1}-\lambda} \\
&= \frac{E[B_1]}{1-\lambda E[B_1]}+\frac{E[B_2]}{1-\lambda E[B_2]}
\end{aligned}
$$

可以看到此公式给出了图 8.20 中展开的等价串行无反馈网络的平均周转时间。图 8.20 系统中"等价的 CPU"其服务速率为 $q_0\mu_1$，所以在此等价的系统中，一个任务需要的连续 CPU 时间的均值等于 $E[B_1]=1/(q_0\mu_1)$，而在原系统中，一个任务需要的平均服务时间 $1/\mu_1$ 的 $1/p_0$ 的时间片。所以要确定 q 和 T_q，只要知道一个任务的集合资源请求就足够了。特别是，资源使用形式的具体细节对于计算这些平均量值来说是不重要的。但要注意：两个图中网络系统的对于响应时间概率分布函数并不存在等价关系。实际上，即使对于没有反馈的 Jackson 排队网络，计算响应时间概率分布也是困难的。

图 8.19 中的网络系统也可以通过直接分析随机过程形成的 MC，此处略。

采用 JSIMgraph 进行模拟。

(1) 按照前述方法画出如图 8.21 所示模型。

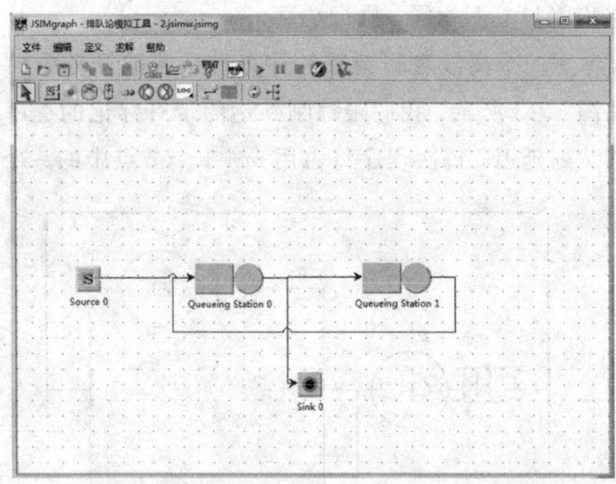

图 8.21　模型示意图

(2) 本例中 CPU 以概率 q_0 离开，以 q_1 进入下一级输入，该设置与图 8.4 中的例子不相同，我们只需要双击 Queueing Station 0，点击路由策略，出现如图 8.22 所示界面，将路由策略更改为 probabilities，此时右下角出现参数输入。

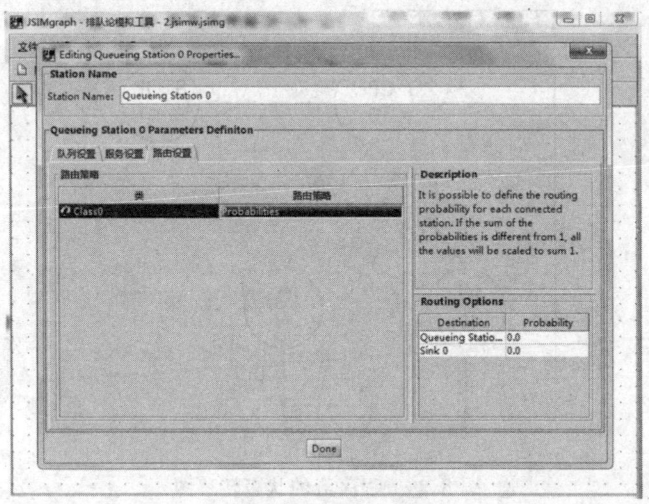

图 8.22　设置路由策略

（3）其它步骤与上例相同，执行仿真。

例 8.3 考虑一个离散时间参数的计算机系统的开环中央服务员队列网络模型，如图 8.23 所示。我们跟踪刚到达的带有标记的程序所经过的路径。暂时忽略队列延迟，每次程序将占用 $m+1$ 个节点中的一个。

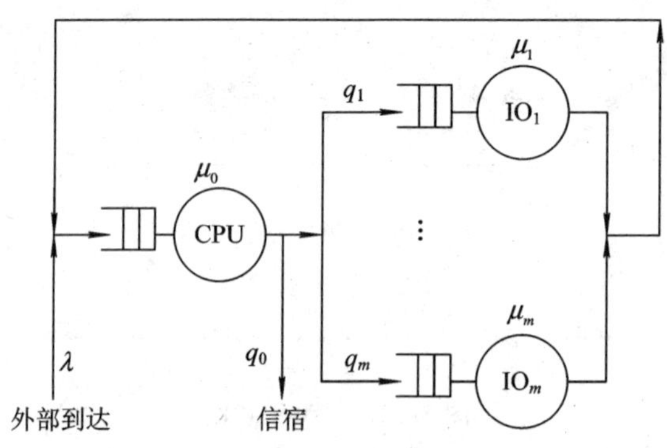

图 8.23 某计算机系统的开环网络模型

在适当的假设条件下，可以将一个标记程序的行为模拟为一个离散时间的马尔可夫链 DTMC。其状态图如图 8.24 所示。

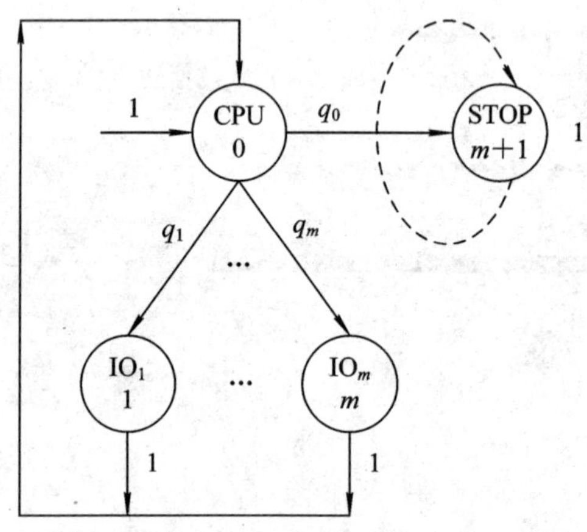

图 8.24 程序流的状态转移图

该 DTMC 的转移概率矩阵为：

$$\boldsymbol{P}=\begin{array}{c|cccccccc|}
 & \text{CPU} & \text{IO}_1 & & \text{IO}_i & & \text{IO}_m & \text{STOP} \\
\hline
\text{CPU} & 0 & q_1 & \cdots & q_i & \cdots & q_m & q_0 \\
\text{IO}_1 & 1 & 0 & & 0 & & 0 & 0 \\
\text{IO}_2 & 1 & 0 & & 0 & & 0 & 0 \\
\vdots & \vdots & \vdots & & \vdots & & \vdots & \vdots \\
\text{IO}_i & 1 & 0 & & 0 & & 0 & 0 \\
\vdots & \vdots & \vdots & & \vdots & & \vdots & \vdots \\
\text{IO}_m & 1 & 0 & & 0 & & 0 & 0 \\
\text{STOP} & 0 & 0 & & 0 & & 0 & 1
\end{array}$$

上述矩阵去掉最右列和最下行所得到的矩阵(即去掉 STOP 所对应的行和列)就是我们所关心的有关队列的部分，即

$$\boldsymbol{Q}=\begin{bmatrix}
0 & q_1 & \cdots & q_i & \cdots & q_0 \\
1 & 0 & & 0 & & 0 \\
1 & 0 & & 0 & & 0 \\
\vdots & \vdots & & \vdots & & \vdots \\
1 & 0 & & 0 & & 0 \\
\vdots & \vdots & & \vdots & & \vdots \\
1 & 0 & & 0 & & 0
\end{bmatrix}$$

矩阵 $\boldsymbol{Q}$ 称为图 8.23 中排队网络的转移概率矩阵。则 k 步转移矩阵记为 $\boldsymbol{Q}^k$。矩阵 $\boldsymbol{Q}^k$ 的第(i, j)项表示(滑过)状态 s_i 开始经过 k 步到达(滑过)状态 s_j 的概率。

有定理表明，当 t 趋向无穷大时，$\sum\limits_{k=0}^{t}\boldsymbol{Q}^k$ 收敛。这意味着逆矩阵 $(\boldsymbol{I}-\boldsymbol{Q})^{-1}$存在，我们称之为基本矩阵，用 $\boldsymbol{M}$ 表示，关系如下：

$$\boldsymbol{M}=(\boldsymbol{I}-\boldsymbol{Q})^{-1}=\boldsymbol{I}+\boldsymbol{Q}+\boldsymbol{Q}^2+\cdots=\sum_{k=0}^{\infty}\boldsymbol{Q}^k$$

$\boldsymbol{M}$ 包含了关于 DTMC 的丰富信息。令随机变量 X_{ij} $(i\geqslant 1, j<n)$表示程序从

状态 s_i 开始，在进入吸收态之前访问状态 s_j 的次数。有定理表明，对于 $i \geqslant 1$，$j < n$ 有 $E[X_{ij}] = m_{ij}$，m_{ij} 为 $\boldsymbol{M}$ 的第(i, j)个元素。所以

$$\boldsymbol{I} - \boldsymbol{Q} = \begin{bmatrix} 1 & -q_1 & \cdots & -q_i & \cdots & -q_0 \\ -1 & 1 & & 0 & & 0 \\ -1 & 0 & & 0 & & 0 \\ \vdots & \vdots & & \vdots & & \vdots \\ -1 & 0 & & 1 & & 0 \\ \vdots & \vdots & & \vdots & & \vdots \\ -1 & 0 & & 0 & & 1 \end{bmatrix}$$

则基本矩阵为

$$\boldsymbol{M} = (\boldsymbol{I} - \boldsymbol{Q})^{-1} = \begin{bmatrix} \dfrac{1}{q_0} & \dfrac{q_1}{q_0} & \dfrac{q_2}{q_0} & \cdots & \dfrac{q_m}{q_0} \\ \dfrac{1}{q_0} & 1 + \dfrac{q_1}{q_0} & \dfrac{q_2}{q_0} & & \dfrac{q_m}{q_0} \\ \vdots & & & \vdots & \\ \dfrac{1}{q_0} & \dfrac{q_1}{q_0} & \dfrac{q_2}{q_0} & \cdots & 1 + \dfrac{q_m}{q_0} \end{bmatrix}$$

这样，$V_0 = m_{00} = 1/q_0$ 是 CPU 状态被访问的平均次数，$V_j = m_{0j} = 1/q_j$ 是状态 IO_j 被访问的平均次数。此结果也可以通过求解下列方程获得。

可以证明，下式成立：

$$\boldsymbol{M}(\boldsymbol{I} - \boldsymbol{Q}) = \boldsymbol{I} \quad 或者 \quad \boldsymbol{M} = \boldsymbol{I} + \boldsymbol{MQ}$$

所以，矩阵 $\boldsymbol{M}$ 的(i, j)元素可以使用下面的公式进行计算。

$$m_{ij} = \delta_{ij} + \sum_{k=1}^{n-1} m_{ik} q_{kj}$$

其中 δ_{ij} 为 Kronecher δ 函数（如果 $i = j$，则 $\delta_{ij} = 1$，否则 $\delta_{ij} = 0$），CPU 为 0 节点，IO_k 为 k 节点。所以，使用公式

$$v_0 = 1$$

$$v_i = \sum_{j=0}^{M} v_j q_{ji} \quad (i = 0, 1, \cdots, M)$$

获得访问节点 j 的平均次数。

对于 CPU 节点：

$$v_0 = \delta_{00} + \sum_{k=0}^{m} q_{k0} v_k \qquad (j = 0)$$

$$= 1 + \sum_{k=1}^{m} v_k$$

对于 IO_k 节点：

$$v_j = \delta_{0j} + \sum_{k=0}^{m} q_{kj} v_k = q_j v_0 \qquad (j = 1, 2, \cdots, m)$$

解上述 2 个方程，得

$$v_j = \begin{cases} \dfrac{1}{q_0}, & j = 0 \\ \dfrac{q_j}{q_0}, & j = 1, 2, \cdots, m \end{cases}$$

即一个典型的程序访问节点 j 的平均次数为 $q_j/q_0(j \neq 0)$或$(j=0)$。既然每单位时间平均有 λ 个程序进入网络，则到达节点 j 的总速率 λ_j 可由式 $v_i = \lambda_i/\gamma$ 求得

$$\lambda_j = \begin{cases} \dfrac{\lambda}{q_0} = \lambda v_0, & j = 0 \\ \dfrac{\lambda q_j}{q_0} = \lambda v_j, & j = 1, 2, \cdots, m \end{cases}$$

节点 j 的利用率

$$\rho_i = \frac{\lambda_i}{\mu_i} = \frac{\lambda v_i}{\mu_i}$$

$$\rho_j = \begin{cases} \dfrac{\lambda}{q_0 \mu_j}, & j = 0 \\ \dfrac{\lambda q_j}{q_0 \mu_j}, & j = 1, 2, \cdots, m \end{cases}$$

假定对所有的 j，$\rho_j < 1$，节点 $j(j=1, \cdots, m)$具有 n_i 个顾客的稳定状态联合概率的乘积形式解有

$$\eta(n_0, n_1, \cdots, n_m) = \prod_{j=0}^{m} \eta(n_j)$$

从此公式可见在稳定状态下队列长度是相互独立的，每一个队列的稳定状

态概率遵循 M/M/1 模型公式

$$\eta(n_j) = (1-\rho_j)\rho_1^{n_j}$$

每个节点 j 的平均队列长度和响应时间请读者自行给出。

例 8.4 （排队网络在分组交换网络中的应用）分组交换网络由传输链路相连接的节点组成，每一个节点作为连接零个或多个系统的接口，接口是传输的源和目的。外部给网络的供给负载为

$$\gamma = \sum_{j=1}^{N}\sum_{k=1}^{N}\gamma_{jk}$$

其中：

γ 为总负载，单位为分组/秒；

γ_{jk} 为在源节点 j 和目的节点 k 之间的负载；

N 为源节点和目的节点的总数。

由于一个分组可以横越在源节点和目的节点之间的多于一条链路上，内部负载高于供给负载

$$\lambda = \sum_{i=1}^{L}\lambda_i$$

其中：λ 为在所有链路上总负载；λ_i 为在链路 i 上的负载；M 为链路的总数。

内部负载依赖于分组通过网络所采用的实际通道。假定给定选道算法，使得每个链路的负载 λ_i 由供给负载 γ_{jk} 确定。对于任何实际的选道算法，从负载参数可以确定一个分组横越的平均链路数量，即所有链路的平均长度

$$E[\text{在一个通道中的链路数量}] = \frac{\lambda}{\gamma}$$

我们的目标是确定一个分组通过网络的平均延时 T。对于每一条链路，利用 Little 公式可得在其上等待和接受服务的平均分组数量

$$L_i = \lambda_i T_{usi}$$

其中，T_{usi} 是有待确定的排队延迟。假设将这些量求和，那么我们就能够得到在网络的所有队列处等待的总的分组数目的平均值。由于 Little 公式对于由多个队列组成的系统作为一个整体也成立（因为平均值的和等于和的平均值），因此网络中等待和正在被服务的分组数可以表示为 γT。将上述

两个表达式合并可得

$$T_{us}=\frac{1}{\gamma}\sum_{i=1}^{M}\lambda_i T_{usi}$$

要确定 T 的值，需要确定各个队列 i 分别的时延 T_{usi}。由于假设每一个队列都作为M/M/1模型对待，因此，有

$$T_{usi}=\frac{T_{si}}{1-\rho_i}$$

链路 i 上的传输速率为 R_i（单位是位/秒），分组平均长度为 B（单位是bit）。服务时间 T_{si} 是二者的比值，因此，有

$$T_{usi}=\frac{\dfrac{B}{R_i}}{1-\dfrac{B\lambda_i}{R_i}}=\frac{B}{R_i-B\lambda_i}$$

利用上面的结果，最后可获得分组通过网络的平均延时时间

$$T=\frac{1}{\gamma}\sum_{i=1}^{M}\frac{B\lambda_i}{R_i-M\lambda_i}$$

习题

(1) 考虑如图8.25所示的一个具有3个节点的开环Jackson网络。3个节点的指数服务速率分别为 μ_1，μ_2，μ_3，到达节点1的泊松分布速率为 γ。路由概率：从节点1到节点2为 q，从节点1到节点3为 $1-q$。写出在节点 $i(i=1, 2, 3)$ 的到达速率。使用Little公式和Jackson理论，获得一个顾客在网络中花费的平均等待时间并且说明如果 $\mu_2=\mu_3$，那么需要 $p=q=\frac{1}{2}$。

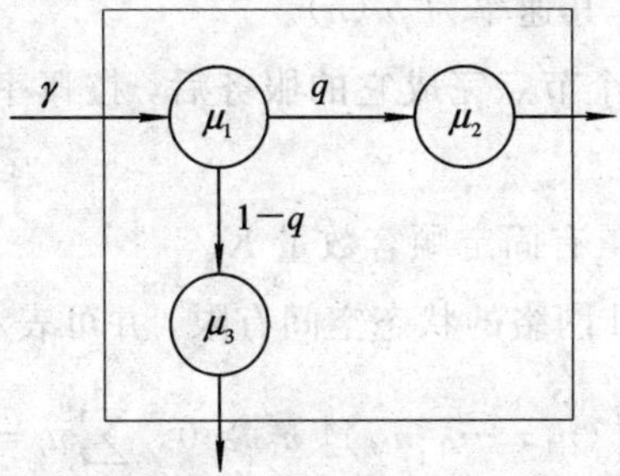

图8.25　题(1)图

(2) 请将 8.3 小节的例题 1 中给出的乘积形式解推广到 m 级串联网络，并以 JMT 进行模拟，验证理论推导结果。

(3) 请在 JMT 中对图 8.11 和图 8.13 所示的两个排队网络进行模拟，并对比模拟结果。

8.4 闭环排队网络

由于网络的顾客总数通常受限于系统的容量，因而在计算机网络和计算机系统的性能模型中，闭环排队网络比开环排队网络具有更广泛的应用。闭环排队网络具有如下特点。

- 没有外部到达和离开；
- 在网络中顾客数量是常数。

注意：在开环排队网络中，各个节点(服务站)的顾客队列长度是相互独立的，但是由于闭环排队网络中顾客总数为常数，因此各个服务站的队长不可能相互独立。

闭环排队网络的研究始于 1967 年 Gordon 和 Newell 的研究工作。研究人员通常也把闭环排队网络定义为：

定义(Gordon-Newell 网络)：设有 M 个节点，分别记为 $i=1, 2, \cdots, M$，且

- 节点 i 的服务速率与队列长度相关(QLD)，当它有 n 个顾客时，它的服务是指数分布的，其速率为 $\mu_i(n)$。
- 一个顾客在一个节点完成它的服务后，按概率选择下一个节点，与过去历史无关。
- 网络是闭合的，有固定顾客数量 K。

则 Gordon-Newell 网络的状态空间有限，并可表示为

$$S=\left\{(n_1, \cdots, n_M) \mid n_i \geqslant 0, \sum_{i=1}^{M} n_i = K\right\}$$

状态数量(在 S 集合中元素的数量)由 $|S|$ 表示，由 K 个球放入 M 个口

袋的排列组合可知

$$|S| = \begin{pmatrix} K+M-1 \\ M-1 \end{pmatrix}$$

其中，二项式的系数公式为

$$\begin{pmatrix} n \\ r \end{pmatrix} = \frac{n!}{(n-r)!r!}$$

我们知道，如果网络可以表示为一个不可约的正常返的马尔可夫过程，那么如果 S 是有限的则意味着总是存在稳定状态。在没有外部到达和离开的情况下，路由的概率 q_{ij} 满足

$$\sum_{j=1}^{M} q_{ij} = 1 \qquad i = 1, 2, \cdots, M$$

根据前述流(通信量)方程，在无外部到达速率的情况下，有

$$\lambda_i = \sum_{j=1}^{M} \lambda_j q_{ji} \qquad i = 1, 2, \cdots, M$$

记 $\lambda = \{\lambda_i\}$，$\boldsymbol{I}$ 是单位矩阵，上述方程形成了一个齐次线性方程组：$\lambda(\boldsymbol{I}-\boldsymbol{Q})=0$。因为$(\boldsymbol{I}-\boldsymbol{Q})$的所有行的和等于零，故$|\boldsymbol{I}-\boldsymbol{Q}|=0$。因此满足通信量方程的$\{\lambda_i\}$的解无限多。事实上根据 $\boldsymbol{Q}$ 的结构知道不同组的解之间只是相差一个常数。令$(e_1, e_2, \cdots, e_M)$是任意非零解，e_i 与节点 i 的到达速率 λ_i 成比例($e_i = c\lambda_i$，c 是常数)。对于 SSFR 节点，可定义 $x_i = e_i/\mu_i$，它同节点 i 的负载成比例(从 $\rho_i = \lambda_i/\mu_i$，可知 $x_i = c\rho_i$)。

- 典型情况：固定$(e_1, e_2, \cdots, e_M)$的各分量为一个方便的值，例如，$e_1 = 1$。这表示一个顾客每对节点 1 访问一次，就要对节点 i 平均访问 e_i 次。因此 e_i 又叫做节点 i 的相对访问速率。

- 另外一种固定方法：正则化$(e_1, e_2, \cdots, e_M)$的元素形成一个概率分布，$\sum_{i=1}^{M} e_i = 1$。这意味着，我们可以考虑一个仅有一个顾客的网络，此顾客在节点集中做随机漫步。e_i 是一个顾客在节点 i 的概率(MC 在状态 i)。这里，只要知道$(e_1, e_2, \cdots, e_M)$能够满足上述通信量方程，而不需要知道它的确切值。

一般来说不能使用开环网络的方法来解决闭环网络的问题，因为在闭环网络中某一节点的队列长度要受到网络顾客数量的限制。但经过研究发现仍然使用开环网络的求解方法，并通过删除不存在的状态、重新正则稳定概率，可以获得正确的乘积解。Gordon 和 Newell 于 1976 年将 Jackson 定理推广到指数服务时间的闭环网络，得到了如下的乘积形式解。

1. Gordon-Newell 理论

在一个具有 M 个节点和 K 个顾客的 Gordon-Newell 网络中，当 QLD 节点 i 的队列长度为 j 时，设其服务速率为 $\mu_i(j)$，则稳定状态队列长度的联合概率分布

$$\eta(n_1, \cdots, n_M) = \frac{1}{G}\prod_{i=1}^{M} x_i(n_i)$$

其中

$$x_i(n_i) = \left(\frac{e_i^{n_i}}{\prod_{j=1}^{n_i}\mu_i(j)}\right), \quad \sum_{i=1}^{M} n_i = K$$

而 G 是正则化常数，定义如下

$$G = \sum_{n\in S}\prod_{i=1}^{M} x_i(n_i)$$

注意：如果 $e_i' = ce_i(i=1, 2, \cdots, M)$，那么相对应的概率 $\eta'(n)$（正则化常数为 G'）为 $\eta'(n) = \frac{1}{G'}G\eta(n)c^{\Sigma n_i}$，对所有的状态求和，得到 $G' = Gc^k$，从而有 $\eta'(n) = \eta(n)$，这进一步证实了 $\{\lambda_i\}$ 的任意性，它受一个乘法因子影响。

正则化常数对于计算平均队列长度、吞吐量和响应时间等性能测量值是非常重要的。但是，直接计算正则化常数效率很低，因为其求和运算很复杂。而且，在计算机中由浮点数表示所引入的数值误差会不断累积并最终导致结果不准确。下节介绍更容易处理的求解正则化常数的方法。

2. 计算正则化常数（normalizing constant）

首先只考虑 SSFR 节点的闭环网络，因为这样可以引出计算正则化常数的有效算法。其它的算法可以处理更一般类型的节点。比如，卷积算法

(Convolution algorithm)可以处理 QLD 节点，平均值分析算法(Mean Value Analysis，MVA)可以处理 SSFR 节点和 IS 节点。这两种算法具有相同的计算需求，但是 MVA 算法避免了卷积算法所固有的浮点数误差的问题。

为了使节点数 M 和顾客数量 K 明显地表现在正则化常数和状态集中，令 $G=G(M, K)$ 和 $S=S(M, K)$，其中

$$S(m, n) = \left\{ (n_1, \cdots, n_m) \mid n_i \geqslant 0, \sum_{i=1}^{m} n_i = n \right\}$$

$$G(m, n) = \sum_{n \in S(m, n)} \prod_{i=1}^{m} x_i^{n_i} \quad \text{其中} \quad x_i = \frac{e_i}{\mu_i}$$

对于 $m>0$，$n>0$，可以将求和分解成 $n_m=0$ 和 $n_m>0$ 两部分

$$\begin{aligned} G(m, n) &= \sum_{\substack{n \in S(m, n) \\ n_m = 0}} \prod_{i=1}^{m} x_i^{n_i} + \sum_{\substack{n \in S(m, n) \\ n_m > 0}} \prod_{i=1}^{m} x_i^{n_i} \\ &= \sum_{n \in S(m-1, n)} \prod_{i=1}^{m-1} x_i^{n_i} + x_m \sum_{\substack{n \in S(m, n) \\ k_i = n_i (i \neq m) \\ k_m = n_m - 1}} \prod_{i=1}^{m} x_i^{k_i} \end{aligned}$$

因为和式的第二项 $\{k \mid k_i \geqslant 0;\ \sum_i k_i = n-1\} = S(m, n-1)$，所以可以得到如下的递归等式，即卷积(convolution)算法

$$G(m, n) = G(m-1, n) + x_m G(m, n-1) \qquad m, n > 0$$

边界条件定义

$$G(m, 0) = 1 \qquad m > 0$$

$$G(0, n) = 0 \qquad n \geqslant 0$$

3. 性能测量

事实上，$\eta(k)$表达式中的因子是从 M/M/1 队列的结论中得到的，而且只是经验上偶然得到的数学特性，因此缺乏概率解释。

- 在闭环网络中，对于单个节点的性能测量是不容易的，这同开环网络的情况不同。
- 性能测量可由限定条件下的子状态空间的乘积解的和确定。
- 部分和或者条件和可由正则化常数替代而形成更小的排队网络。

• 许多感兴趣的性能测量可以根据正则化常数进行表达，这就可以开发有效算法，避免整个状态空间和的计算。

节点 M 空闲的概率可以直接在 $n_M=0$ 的条件下通过对所有状态的联合概率分布进行求和得到，即

$$P(N_M=0)=\frac{1}{G(M,K)}\sum_{\substack{n\in S(M,K)\\ n_M=0}}\prod_{i=1}^{M-1}x_i^{n_i}=\frac{G(M-1,K)}{G(M,K)}$$

在一般情况下，节点 i 为空闲的概率

$$P(N_i=0)=\frac{G(M\backslash i,K)}{G(M,K)}\qquad i=1,2,\cdots,M$$

其中 $G(M\backslash i,K)$ 是 M 个节点的网络中节点 i 被删除，还保留有 K 个顾客的正则化常数。更一般地，有

$$G(M\backslash i,K)=\sum_{n\in S(M-1,K)}\prod_{j=1}^{M-1}y_j^{n_j}$$

其中

$$y_j=\begin{cases}x_j & j=1,\cdots,i-1\\ x_{j+1} & j=i,\cdots,M-1\end{cases}$$

因此，节点 i 的利用率如下

$$\rho_i=1-\frac{G(M\backslash i,K)}{G(M,K)}$$

4. 累积概率

这里不考虑边缘队列长度概率，而是考察累积的边缘队列长度概率。对于 $k=1,2,\cdots,K$，有

$$P(N_i\geqslant k)=\frac{1}{G(M,K)}\sum_{\substack{n\in S(M,K)\\ n_i\geqslant k}}\prod_{j=1}^{M}x_j^{n_j}$$

$$=\frac{x_i^k}{G(M,K)}\sum_{\substack{m_j=n_j(j\neq i)\\ m_i=n_i-k\\ n\in S(M,K)\\ n_i\geqslant k}}\prod_{j=1}^{M}x_j^{m_j}$$

上式的求和部分为 $m\in S(M,K-k)$，所以可得

$$P(N_i \geqslant k) = x_i^k \frac{G(M, K-k)}{G(M, K)} \qquad i = 1, 2, \cdots, M$$

当 $k=1$ 时，节点 i 的利用率

$$\rho_i = x_i \frac{G(M, K-1)}{G(M, K)}$$

可得递归关系

$$G(M, K) = G(M\backslash i, K) + x_i G(M, K-1) \qquad M, K > 0$$

节点 i 的吞吐量为

$$\lambda_i = \mu_i \rho_i = e_i \frac{G(M, K-1)}{G(M, K)}$$

可见，节点 i 的吞吐量与它的访问速率成比例。

用 $Q_i(k)$表示稳定状态下节点 i 的队列长度分布。因此，由累积概率有

$$\begin{aligned} Q_i(k) &= P(N_i \geqslant k) - P(N_i \geqslant k+1) \\ &= x_i^k \left(\frac{G(M, K-k) - x_i G(M, K-k-1)}{G(M, K)} \right) \end{aligned}$$

式中 $k=0, \cdots, K$；$i=1, \cdots, M$；$G(M, -1)=0$

由前面的公式表达方法，可得到 $Q_i(k)$相近的简洁的表达

$$\begin{aligned} Q_i(k) &= \frac{1}{G(M, K)} \sum_{\substack{n \in S(M, K) \\ n_i = k}} \prod_{j=1}^{M} x_j^{n_j} \\ &= \frac{x_i^k}{G(M, K)} \sum_{\substack{n \in S(M, K-k) \\ n_i = 0}} \prod_{j=1}^{M} x_j^{n_j} \\ &= x_i^k \frac{G(M\backslash i, K-k)}{G(M, K)} \qquad i = 1, \cdots, M; \ k = 0, \cdots, K \end{aligned}$$

用 $q_i(K)$表示网络有 K 个顾客时在稳定状态下节点 i 的平均队列长度。因此，有如下累积概率的三角和

$$\begin{aligned} q_i(K) = \sum_{j=1}^{K} jP(N_i = j) &= \sum_{j=1}^{K} \sum_{k=1}^{K} P(N_i = j) I_{(k \leqslant j)} \\ &= \sum_{k=1}^{K} \sum_{j=k}^{K} P(N_i = j) \\ &= \sum_{k=1}^{K} P(N_i \geqslant k) \end{aligned}$$

使用上述累加概率，可获得下述的平均队列长度的表达式

$$q_i(K)=\frac{1}{G(M,\ K)}\sum_{k=1}^{K}x_i^k G(M,\ K-k) \qquad i=1,\ \cdots,\ M$$

5. 应用举例

例 8.5　(多程序系统的轮转队列网络模型)

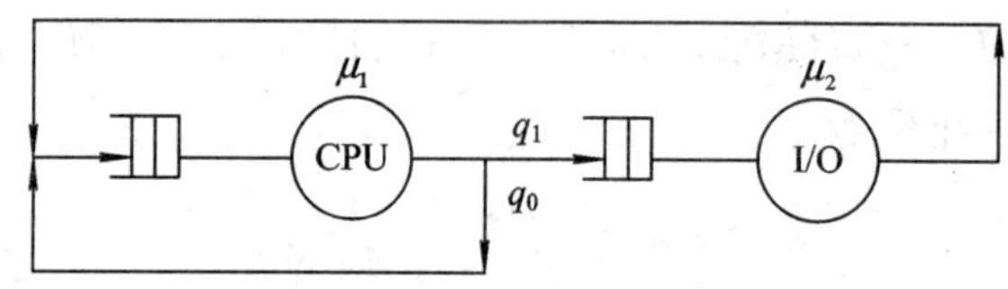

图 8.26　一个简单计算机系统的闭环网络模型

考虑图 8.26 所示计算机系统的闭环轮转队列网络模型。假设连续的 CPU 执行的突发时间长度是独立的指数分布的随机变量，均值为 $1/\mu_1$，连续的 I/O 突发时间也是独立的指数分布的随即变量，均值为 $1/\mu_2$。在每一个 CPU 突发结束时，该程序以概率 q_1，$0\leqslant q_1\leqslant 1$，请求 I/O 操作；而以概率 q_0(其中 $q_1+q_0=1$)完成执行过程。当一个程序被执行完毕，另一个统计上相同的程序进入该系统，使得系统中的程序数目维持一个常数 n(称为多程序度)。状态用$(k_1,\ k_2)$表示，$k_i(i=1,\ 2)$代表节点 i 的程序数目。稳定状态概率使用 $P(k_1,\ k_2)$表示。这里的状态空间是有限的。

轮转排队网络模型的状态图如图 8.27 所示。

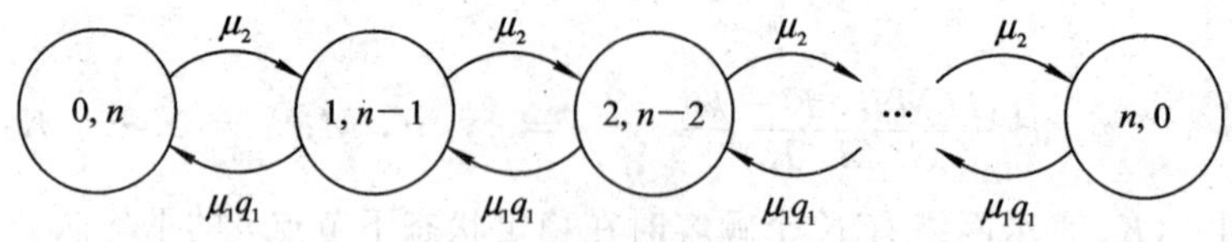

图 8.27　闭环轮转排队网络模型的状态图

系统有平衡方程

$$(\mu_2+\mu_1 q_1)P(k_1,\ k_2)=\mu_1 q_1 P(k_1+1,\ k_2-1)$$

$$+\mu_2 P(k_1-1,\ k_2+1) \qquad k_1,\ k_2>0$$

$$\mu_2 P(0,\ n)=\mu_1 q_1 P(1,\ n-1)$$

$$\mu_1 q_1 P(n,\ 0)=\mu_2 P(n-1,\ 1)$$

让 $e_1 = a/\mu_1$ 且 $e_2 = aq_1/\mu_2$，a 是一任意常数。稳定状态概率 $P(k_1, k_2)$ 有乘积形式解

$$P(k_1, k_2) = \frac{1}{G(n)} e_1^{k1} e_2^{k2}$$

其中正则化常数 $G(n)$的选择要使得

$$\sum_{\substack{k1+k2=n \\ k1,\ k2 \geqslant 0}} P(k_1, k_2) = 1$$

虽然 e_1，e_2 和 $G(n)$的值依赖于 a，但常数 a 的选择可以相当任意，使得 $P(k_1, k_2)$的值不随着 a 的改变而变化。

如果定义 $\lambda_1 = a$ 和 $\lambda_2 = aq_1$，可以解释 λ_1 和 λ_2 是相应节点的相关吞吐量，$e_1 = \lambda_1/\mu_1$ 和 $e_2 = \lambda_2/\mu_2$ 可以解释为相关的利用率。

常数 a 的两种常用选择 $a = 1$ 和 $a = \mu_1$。选择 $a = \mu_1$，则有：$e_1 = 1$ 和 $e_2 = \mu_1 q_1/\mu_2$，而且

$$P(k_1, k_2) = \frac{1}{G(n)} e_2^{k2}$$

使用正则化条件，得到

$$1 = \frac{1}{G(n)} \sum_{k1=0}^{n} e_2^{k1} = \frac{1}{G(n)} \frac{1 - e_2^{n+1}}{1 - e_2}$$

或者

$$G(n) = \begin{cases} \dfrac{1 - e_2^{n+1}}{1 - e_2}, & e_2 \neq 1 \\ n + 1, & e_2 = 1 \end{cases}$$

CPU 的利用率 ρ_1 可以表达为

$$\rho_1 = 1 - P(0, n) = 1 - \frac{e_2^n}{G(n)}$$

$$\rho_1 = \begin{cases} \dfrac{e_2 - e_2^{n+1}}{1 - e_2^{n+1}}, & e_2 \neq 1 \\ \dfrac{n}{n+1}, & e_2 = 1 \end{cases}$$

CPU 的平均吞吐量

$$E[T] = \mu_1 \rho_1 q_0$$

本例亦可采用JSIMgraph进行模拟，按照前述方法画出模型，由于是闭环排队网络，模型不需要Sink，模型图如图8.28所示，参数和以前设置方法相同。

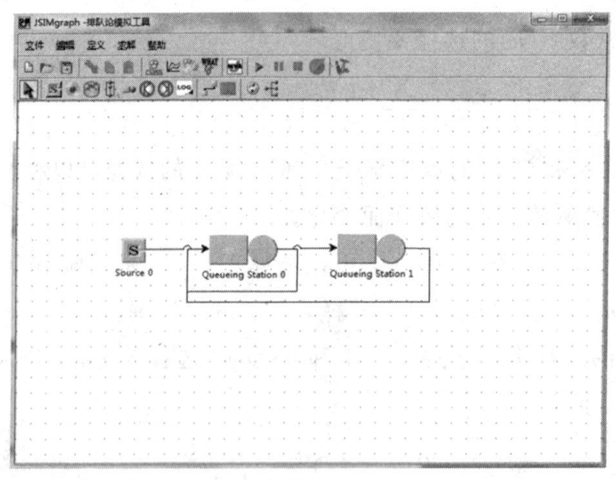

图8.28　模型示意图

习题

在JMT中对图8.24所示的闭环排队网络进行模拟，并与理论结果相验证。

小　结

• 开环Jackson网络对队列长度分布有稳定状态乘积形式的解，每个节点可以孤立对待。

• 当Jackson网络没有外部到达或离开时，亦即，形成闭环网络，也叫Gordon-Newell网络，它也有对队列长度分布有稳定状态乘积形式的解。

• 卷积算法提供了一种在状态相关的服务速率节点为乘积形式解计算正则化常数的有效方法。许多性能测量都可以通过正则化常数进行。

参考文献

[1] 盛骤，谢式千，潘承毅．概率论与数理统计．2版．北京：高等教育出版社，1989.

[2] Sheldon M. Ross. 随机过程．何声武，谢盛荣，程依明，译．北京：中国统计出版社，1997.

[3] 林闯．计算机网络和计算机系统的性能评价．北京：清华大学出版社，2001.

[4] 赵玮，王荫清．随机运筹学．北京：高等教育出版社，1993.

[5] 赵问道．随机过程与排队论（现代通信网络中的排队理论，面向研究生的讲义）.

[6] 唐应辉，唐小我．排队论：基础与应用．成都：电子科技大学出版社，2000.

[7] 盛友招．排队论及其在现代通信中的应用．北京：人民邮电出版社，2007.

[8] 孟玉珂．排队论基础及应用．上海：同济大学出版社，1989.

[9] 陆传赉．排队论．北京：北京邮电学院出版社，1994.

[10] 曾勇，马建峰．基于JMT的排队论实验专题设计[J]．计算机教育：Vol. 20，2009，pp. 124－127.

[11] E. Gelenbe，G. Pujolle. Introduction to Queueing Networks. John wiley & Sons Ltd.，1987.

[12] J. R. Jackson. Networks of Waiting Lines. Operations Research，5，1957，518－521.

[13] J. R. Jackson. Jobshop-Like Queueing Systems. Management Science，10(1)，1963，pp. 131－142.

[14] L. Kleinrock. Queueing Systems. Vol. 1：Theory. John wiley & Sons Ltd.，1975.

［15］ L. Kleinrock. Queueing Systems. Vol. 2：Applicaton. John wiley & Sons Ltd.，1976.

［16］ Marco Bertoli，Giuliano Casale，Giuseppe Serazzi. JMT：performance engineering tools for system modeling ［C］. ACM SIGMETRICS Performance Evaluation Review，Volume 36 Issue 4，New York，US，March 2009，pp. 10 – 15，ACM press.

［17］ M. Bertoli，G. Casale，G. Serazzi. User-Friendly Approach to Capacity Planning Studies with Java Modelling Tools ［C］. Int. l ICST Conf. on Simulation Tools and Techniques，SIMUTools 2009，Rome，Italy，2009，pp. 48，ACM press.